图书在版编目(CIP)数据

别和青春期的孩子较劲 / 关承华著. —2版.
—北京：中国青年出版社，2016.6
ISBN 978-7-5153-4307-5

Ⅰ.①别… Ⅱ.①关… Ⅲ.①青少年教育—家庭教育 Ⅳ.①G78

中国版本图书馆CIP数据核字（2016）第156243号

别和青春期的孩子较劲

作　　者：	关承华
责任编辑：	周　红
美术编辑：	夏　蕊
出　　版：	中国青年出版社
发　　行：	北京中青文文化传媒有限公司
电　　话：	010-65511272/65516873
公司网址：	www.cyb.com.cn
购书网址：	zqwts.tmall.com
印　　刷：	大厂回族自治县益利印刷有限公司
版　　次：	2007年8月第1版 2016年6月第2版
印　　次：	2024年10月第24次印刷
开　　本：	787mm×1092mm　1/16
字　　数：	170千字
印　　张：	13
书　　号：	ISBN 978-7-5153-4307-5
定　　价：	39.90元

版权声明

未经出版人事先书面许可，对本出版物的任何部分不得以任何方式或途径复制或传播，包括但不限于复印、录制、录音，或通过任何数据库、在线信息、数字化产品或可检索的系统。

中青版图书，版权所有，盗版必究

别和青春期的孩子较劲

关承华 著

增订版

中国青年出版社
CHINA YOUTH PRESS
中青文传媒

目 录

写在前面的话　有备才能无患 …………………………………… 007

增订版前言　意料之外，情理之中 …………………………… 011

前言　家长好好学习，孩子天天向上 ………………………… 013

第一章　不都是孩子的错 ………………………………… 017

是好父母，不一定是好家长 / 020

孩子身上一定有家长的影子或家长教育的痕迹 / 021

　　单亲家庭照样出好孩子 / 032

　　好孩子让家长教坏了 / 037

　　管坏了的孩子比惯坏了的孩子好管 / 040

结束语 / 044

第二章　了解孩子是教育成功的首要条件 ……………… 049

理解必须有了解做前提 / 055

　　您还没有老师了解我呢 / 056

　　要把孩子的感受考虑进去 / 057

　　爸爸不喜欢我，因为我是女孩儿 / 060

目录

高明的家长会倾听 / 063

结束语 / 069

第三章 非智力因素是孩子成功的重要条件 …… 071

行为习惯是非智力因素的重要组成部分 / 075

看书的习惯成就了我的儿子 / 078

不良习惯埋没了高智商 / 081

习惯、性格与命运 / 084

疯狂的"神童计划" / 086

让我至今还在揪着心的学生 / 087

机会在一瞬间消失 / 088

把握人生，从习惯入手 / 090

说诚信 / 093

说读书 / 101

说守时 / 103

结束语 / 107

第四章 家校合作是教育的重要环节 …… 111

走出家校合作的误区 / 121

误区一：家校合作目标不明确或不一致 / 122

误区二："家长陪读"就是合作 / 124

误区三：老师与家长联系=告状 / 127

家校形成合力，共同探索孩子们的内心世界 / 130

先说家访 / 131

再说家长会 / 134

最后说说请家长 / 136

提高自身素质，取得教育孩子的资格 / 143

要学习 / 145

要接受 / 146

要主动 / 151

要理智 / 152

结束语 / 158

第五章 别和青春期的孩子较劲 ⋯⋯ 159

真正实现与孩子在人格上的平等 / 168

不要把自己的意识强加给孩子 / 170

承认自己有不如孩子的地方 / 171

进行朋友式的交流 / 173

赏识教育有奇效 / 175

发现——善于发现孩子的闪光点 / 176

抓住——发现优点及时肯定 / 177

慷慨——不要吝惜对孩子的表扬 / 178

批评——一味批评意味着批评失效 / 180

正确面对孩子的"早恋" / 181

别和青春期的孩子较劲 / 190

家长明白、明理、明智 / 191

家长转变，孩子进步 / 198

结束语 / 205

写在前面的话

有备才能无患

《别和青春期的孩子较劲》,至今已走过了十三个年头,而且仍然需求旺盛。这个结果,让我始料不及的同时也有了些许的成就感。作为一个从教多年的一线教师,能在做好本职工作之余,用我的经验、用我潜心研究的理念和我对教育事业的一片痴情,给了困惑中的家长们一点点帮助,并且得到了读者们的肯定与认可,我乐在其中,且乐此不疲。

离开讲台,走出一线已经有几年了,可是想彻底脱离做了半辈子的教育事业,一来欲罢不能二来身不由己,说好听点是长期培养出的责任感尤存,所以无论是学生、家长还是媒体,凡是有需要我的地方,从不推辞,退休之后还能体现自己的价值何乐而不为呢?说实际点就是职业病,对有关教育的话题特别敏感,而偏偏教育,尤其是家庭教育、学校教育又是一个永恒的话题。(我每天早上在公园里走步锻炼身体时,听到的都是三三两两的妈妈们在讨论孩子的教育。)

说到本书的一版再版,过程中其实我犹豫过,想过放弃,没别的理由,就是因为懒,不想再用脑子了。就在出版社说服我的过程中,征求了一些家长的意见,有几位孩子尚小的孩儿妈的一

写在前面的话

番话刺激了我。她们表示：您这书我们暂时还用不着，但迟早孩子也会进入青春期，到时候一定会需要的。有的甚至说"要不我先买一本存着，等孩子快到青春期时再看"。我无语了，都是这书名闹的，谁让我写的是别和"青春期"的孩子较劲呢？我发现这是一个误区，是对家庭教育阶段性的一个误解，有必要展开探讨且澄清一下，给家长们一个正确的思路。

过去由于大部分时间是在和初一到高三的学生打交道，都是正值青春期的孩子，所以把关注和研究的侧重点都放在了他们身上，写出《别和青春期的孩子较劲》也是顺理成章的事。退休后，尤其是自己当了奶奶后，家庭教育、亲子关系吸引了我的注意力，拓展了我的教育思路。其实家庭教育是一个大的范畴，它是相对于学校教育和社会教育而言的。按照孩子成长的不同时期，家庭教育可以划分为几个不同的阶段，比如：胎教、婴幼儿教育、学前教育、青春期教育等等，每个阶段要根据孩子成长的特点，采取不同的教育方法和教育手段，做到有的放矢。不过，值得注意的是，孩子成长的每一个阶段之间不是割裂的，是有机地联系在一起，带有延续性的。我在书中曾经说过，青春期现象没有偶然性，进入青春期也不是一瞬间的事，为什么有的孩子能够平安、平静、坦然地走过青春期，什么状况也不曾发生；而有的孩子就过不去青春期这个坎儿，躁动、逆反、厌学，以"青春期"为借口放纵自己，让老师无计可施，让家长焦头烂额。而多年来慕名前来寻求我帮助的学生、家长基本都是后一种情况，我的邮箱里经常有"求救"、"求助"为标题的家长来信，把我当作一根"救命稻草"。说实话，这种"临时抱佛脚"的做法很不可取，因为家

写在前面的话

长忽视了孩子在青春期前生理、心理乃至行为上的变化过程，感觉孩子好像"突然间"叛逆了；另外家长也忽略了自己在孩子成长过程中的过错与责任，只是一味地指责孩子。如果我们把青春期的起始年龄定为12岁左右的话（现在有提前的趋势），那么，在我看来，12岁前的家庭教育、家庭氛围、亲子关系，都对孩子进入青春期，或做了有益的铺垫，或埋下了不良的隐患。例如：一贯强势、不懂得尊重孩子的妈妈，往往换来的是青春期孩子的激烈反抗；过分溺爱，从小百依百顺，当孩子的青春期行为超出底线时，家长已经无能为力；以锻炼孩子的独立能力为借口，漠视甚至放纵孩子，导致孩子青春期心理的大门对你关闭，危险就将临近。理智的家庭教育，平等的家庭氛围，和谐的亲子关系，是孩子健康走过青春期的重要保证。

"青春期"本不应该是个贬义词，应该是孩子最阳光、最开心，成年后最值得回味的一个时期，之所以今天成为了许多孩子的"坎儿"，许多家庭的"患"，就是因为家长们在孩子成长过程中缺少"防患于未然"的意识。

青春期教育不能等，有备才能无患。

2017年3月30日于北京

观看关承华老师的相关教育视频，
请登录网站www.cyb.com.cn。

增订版前言

意料之外,情理之中

《别和青春期的孩子较劲》在不经意间走过了九个年头,几乎可以说颠覆了我的初衷——把自己在教育岗位上积淀下来的教育理念及教育个案呈现出来而矣,至于说有没有听众、有没有读者、有没有家长能够认同和接受我的教育观点,我当时没想太多,也不敢想太多,因为我心中没底,因为我不过是一个从教多年的一线教师。

从2004年成书至今的九年间,不断有读者联系我,不断有家长向我求助,以及最近出版社在五年合同到期之际,再一次提出修订出版的要求,我才意识到:这本书还有读者需求,还有继续生存的价值——这确实出乎我的意料。

教育是个永恒的话题,尤其在今天,随着社会经济的发展,人民生活水平的不断提高,对于社会的基本细胞——家庭,孩子的教育问题被摆在了极其重要,甚至是首要的位置。因此,"教育"总是能够成为社会热议的话题和媒体关注的焦点。前一阵子关于"虎妈狼爸"的争论也曾热闹了一番,但并没有在家长这个庞大的群体中掀起大的波澜,很快就平息下来了,因为这种极端的观点和个案脱离了教育的本质,没有普遍的指导意义,即使算是所谓

增订版前言

"教育成功"的模式，也有着社会环境、家庭背景、遗传基因、个性特点等等诸多的因素在里面，就像打台球出了个丁俊晖，不是所有打台球的孩子都能成为丁俊晖；弹钢琴出了个郎朗，也不可能所有学钢琴的孩子都能成为钢琴家。所以从一开始听说了虎妈的教育观念和教育手段后，我的态度就十分明确：一不敢苟同；二没有讨论的必要；三不值得推广。我们可以想象一下，如果中国甚至全世界的父母都去效仿，都成了"虎妈狼爸"，那将是一种多么恐怖的景象啊！相比之下，我更推荐家长们去看一看《傅雷家书》，透过父子间那么频繁的书信往来，我看到的是：父亲对儿子殷切的希望，严格的要求，缜密的指导和深沉的爱。我坚持认为：对孩子的教育，严格是必要的，但严格不等于严厉，更不等于暴力！较劲到暴力的程度，成功也只是个偶然。

再回到我这本书上来。当初就有人提醒过我，《别和青春期的孩子较劲》的书名有局限性，孩子还没到青春期的家长不会关注，但是出版发行九年来，我欣喜地发现，它虽然不温不火，但不断地有读者发现它、认同它，它还在发挥着对家长们的启发、帮助和指导作用，因为每一个成长中的孩子都有青春期，每一个家长在某一个时间都会意识到，哦，我的孩子进入青春期了——这就是《别和青春期的孩子较劲》不衰的原因。今天的再版，也在情理之中。

前　言

家长好好学习，孩子天天向上

《别和青春期的孩子较劲》出版发行至今，整整过去了两年的时间，销量是一万八千册。作为一名普通教师，我很知足，因为我的教育理念最少已经传达给了一万八千位家长。还有新浪网近一年的连载，我由衷地感谢。

这次委托中国青年出版社重新出版，首先是因为市场基本脱销（北京图书市场已经见不到这本书），而"家长"这个读者群还有需求，毕竟"青春期"与"家庭教育"是个永恒的话题，每年都会有许多家长"突然"发现自己的儿子或者女儿进入青春期了，不再像小时候那么听话了，于是在措手不及中到处"寻医问药"——试图找到解决"亲子关系问题"、"孩子青春期逆反问题"、"厌学、早恋、任性、心理异常"等等一系列问题的良方，用以缓解两代人之间的摩擦甚至是冲突。我这本书就是积多年的教育经历、教育案例、教育理念为一体，帮助处在困惑当中的家长们分析问题的症结所在，提醒父母们"不都是孩子的错"，"别和青春期的孩子较劲"，并为家长们提供了些许建设性意见。时至今日，我书中的教育观点，我在实践中摸索出的一系列教育方法和教育理念，并没有过时，仍旧对家长们有一定的启示或指导作用。

前言

其次,两年来广大家长和读者对我的信任与鞭策,是出版本书的更充分的理由。我,一个普通的一线教师,第一次把自己积淀多年的教育"心语"编纂成书,想法本就简单,当时能够考虑到的,就是有没有读者?读者能不能接受我的观点?销量如何?至于后续还会有什么事情,是我根本不可能想到的。于是,一个状况的出现让我始料不及:全国各地的众多家长和读者对本书给予了热烈的回应和反馈,有通过114查号台查到我学校电话的;有通过出版社责编要到我手机号码的;每日打开邮箱几乎都会收到名为"求助"或"求教"的E-mail;更有家长带着孩子千里迢迢从湖北、山东、河南等地来到北京,请求我和孩子进行面对面的交流。他们几乎都表达了一个相同的意思:"看了您的书很受启发,您书中的例子好像说的就是我家孩子。"无论是北京的还是外地的家长,对于我来说都是陌生的,但是每每听到家长那焦虑的倾诉,看到因无措、无奈而企盼帮助的目光,我在心中感慨"可怜天下父母心"的同时,也感受到了家长们对我的极大信任,因此一种责任感油然而生。我耐心地倾听,细致地分析,找出原因,提供一些建议或办法。尽管占用了我大量的时间、精力和手机费,但相对于自己内心深处的成就感而言,这一切都不重要,也都值得了。经常有家长感言:"我要是早认识您就好了!"或者"要是早点儿看到您的书就好了"。网上也总有人在询问"哪里能买到这本书",还有家长告诉我"在国家图书馆借到了"。至此,我坚信《别和青春期的孩子较劲》在更多的家长和家庭中还有需求。

再次,也是更重要的,就是我要通过这本书传递给为人父母者一个重要的理念,即:家长好好学习,孩子天天向上——这是今天的社会条件下亲子关系的一个重要逻辑。

两年来，我接待了那么多无助的家长，虽然每个家庭的情况各不相同，每个孩子的问题也各有差异，但是归结起来却有一个致命的共同点，就是孩子身上的问题都出在家长身上。这进一步验证了我书中的观点：不都是孩子的错！一位江苏的高三男孩的父亲四次打电话找我，诉说孩子的"罪行"：不学习、辍学、要钱出去吃饭、打游戏，当说到"快19岁了，自己连脚都不会洗"时，我只能反问："这怪谁呢？"一次数学单元测验，一个学生考了60多分，家长看到成绩后给老师写了一句话："问问你们老师怎么教的？"还让孩子直接带来交给班主任。这种做法会对孩子造成什么样的影响，家长考虑了吗？一对忧心忡忡的父母找到我，第二天就要进行中考体检了，孩子突然提出不去体检，不参加中考了，理由是"想玩儿"，一追溯父母的教育经历，原来是一贯迁就造成的；一个原本学习十分优秀的女孩子，15岁时突然早恋并离家出走了，这时候妈妈才意识到，孩子6岁时父母离异，9年来父爱的缺失，使得孩子特别珍惜一个大男孩对自己的怜爱与呵护……太多太多了，凡是找我来咨询、求助的家长，凡是面对自己的"问题"孩子束手无策的父母，只要引导他们稍作反思，就会发现许多问题的根儿，其实在他们自己身上。在不断地接待、倾听、协助解决问题的过程中，我越来越强烈地感觉到，仅仅提倡"家长与孩子共同成长"还不够，因为对孩子的教育是有时效性的，机不可失，否则就有可能错过了教育的最佳时机。于是，"家长好好学习，孩子天天向上"的观点作为一种逻辑关系，逐渐浮现在脑海中。在今天的社会环境、社会条件下，家庭教育仅靠一代一代的传承是绝对不行的，

前言

今天中国"关于70后的讨论","80后现象",最近又在讨论"90后的孩子怎么教",就已经充分说明了这一点。所以我的态度是：想要孩子吗？准备当父母吗？对你的孩子有期望值吗？如果是肯定的回答，就请好好学习，学习怎么做父母，学习怎么爱孩子，学习与时俱进的教育理念。虽然中国古话说"有苗不愁长"，但谁也不希望自己的孩子长成"歪瓜裂枣"不是？

《别和青春期的孩子较劲》一书中，我想传达给读者的理念就是，作为家长，一要会做表率，就是以身作则，这是最最重要的，是孩子学会做人的必要条件。二要学会爱，知道什么才是对孩子真正的爱，爱的方式一旦错了，就变成了害。三要学会把握，把握孩子成长的大方向，事无巨细唠唠叨叨，就会引起孩子的逆反情绪。四要学会沟通，既不居高临下，也不委曲求全，朋友式的交流孩子最能够接受。五要学会引导，孩子没有不犯错的，正视不忽视，宽容不纵容，做孩子的导师。而我所归纳的这"五要"又必须以"一要"做前提，那就是"要学习"，因为会做父母未必会做家长，家长是"职称"——称职父母才有资格称家长；家长是责任——不仅对孩子、对家庭，还对社会；家长是技师——教育孩子是一门高超的技术；家长是艺术家——教育需要有一定的艺术性。总之，家长好好学习，提高了自身素质，孩子才可能在您的影响和教导下，天天向上。

谨希望我的经验之谈能够对更多的家长、更多的家庭有所帮助。

关承华

第一章

不都是孩子的错

现在的孩子,只知道索取,不知道付出;只知道享受,不知道感恩;只知道让别人为他着想,不知道该为他人着想;只知道爱他是天经地义的,不知道爱父母也是应该的。

——摘自现代教育报《我们的下一代最缺什么》

第一章　不都是孩子的错

现在的孩子，只知道索取，不知道付出；只知道享受，不知道感恩；只知道让别人为他着想，不知道该为他人着想；只知道爱他是天经地义的，不知道爱父母也是应该的。

——摘自现代教育报《我们的下一代最缺什么》

上面一段文字让人觉得，今天的孩子简直就是大逆不道，甚至不可救药。尤其是进入青春期的孩子，在父母和老师们的眼里就是一群危险分子，急需我们这些为人父、为人母、为人师的成年人去拯救。于是家长们困惑"这些孩子都怎么了"？老师们叹息"孩子越来越难管，老师越来越难当了"！教育专家们呼吁"变应试教育为素质教育"。而作为从教30多年，和成千上万学生、家长打了大半辈子交道的老师，**我却要发自肺腑地大声疾呼：这不都是孩子的错！**唯物史观不是告诉我们社会存在决定社会意识吗？孩子不是生活在真空里，今天的社会环境对孩子们的影响已经超出了我们的预料和想象，而作为社会大环境的细胞——家庭，更直接点说——父母，对孩子们成长中的缺憾有着不可推卸的责任。

是好父母，不一定是好家长

父母和家长还有区别吗？有，这是我在多年教育实践中逐渐意识到的。

我的一个学生，父母在国外，对孩子只在经济上保障供给，其他一切都由姨和姨夫负责，显然在承担家长责任的是她姨，而非父母。

我的另一个学生，父母离异，母亲在监狱服刑，他的一切由姥爷管理。显然，姥爷是他的家长。

在北京火烧蓝极速网吧，造成24人死亡的犯罪少年，父母离异后无人管教，任孩子在社会闯荡，显然他有父母而无家长。

从一个个真实的个案中我们不难看出：父母只是生育了子女的人，只体现了与子女的血缘关系，我们甚至可以说动物也是有父母的。而家长则要承担养育、监护、教育的责任。做父母易，做家长难，做个好家长更难，能够在孩子青春期时做个合格的家长那可就是孩子的福气了。

谁不想做个好家长啊？好家长有可操作性的标准吗？——这是许多父母给我提出的问题。要说标准，确实没有一个权威性的统一标准，但在多年的实践中我按自己的感觉大概划分了一下，不一定很科学，请您阅读下面的表格，看看能否对号入座：

我的这个评价标准不一定科学，也不一定准确，但是在多年的教育实践中，我十分真切地感受到孩子有一个理智的、善解人意的、多少懂点儿教育的家长该有多么的幸运。中国一直流传着一个"爱子杀子"的故事，说的是一位母亲对儿子百般疼爱，娇

	基本特点
父　母	生育了子女 为孩子提供生活费用 能够依法尽到基本的抚养义务
家　长	养育及料理日常生活 依法承担监护及教育责任 有期望值，无科学的教育管理方法
合格的家长	以身作则，是孩子的榜样 易于沟通，是孩子的朋友 尊重、关心、理解孩子 面对孩子的错误能给予积极、正面的帮助和教育

生惯养，在这位母亲的庇护下，孩子从最初的不良习惯发展为不良习气，再从恶习发展到恶行甚至犯罪。在临刑之时，即将失去生命的儿子对母亲提出了最后一个要求："再吃妈妈一口奶"。就在母亲再一次献出"爱心"之际，儿子却残忍地咬掉了母亲的乳头，表达了对母亲"养不教"的愤恨。我无从考证这个故事的真假，只是想说明父母对孩子的爱代替不了正确的教育，而正确的教育才是对孩子最深沉的爱。

如果说做父母是一种幸福，那么做家长就是一种责任和义务。每一个孩子都会走进青春期，做青春期孩子的合格家长就是一门学问了。

孩子身上一定有家长的影子或家长教育的痕迹

我不是教育专家，只是在教育教学第一线与学生朝夕相处了近30年的普通老师，可就是这"第一线"，这"30多年"，不仅使我有了桃李满天下的收获，更主要的是摸索、总结出了一些在家庭教育、学校教育、青春期教育等方面的理念。如：管坏了的孩子比惯坏了的孩子好管，师生间的理解需要一个时间差，孩子身上一定有家长的影子或家长教育的痕迹……等等。或许有的观点早已有专家提出，并不一定都是我个人的独家视角，但却是我在常年与学生的接触中实实在在、真真切切地悟出来的，至少在我的教育实践中得到了一次次的论证。

父母是孩子的第一任老师——这似乎是一个无人不知、无人不晓的观点。孩子从出生到走进中学，进入青春期前的这漫长的大约12年时间里，父母影响和家庭教育起着至关重要的作用。可悲的是许多人为人父、为人母之后，似乎也承担起了抚养、教育的义务：用进口奶粉喂养，选择高级幼儿园，陪着孩子学英语、学钢琴、学书法、学绘画，直至选择优质小学、高价中学……用一位困惑中的母亲的话说"谁不希望自己的孩子有出息啊，能做的我都做了，他怎么就不能给我争口气呢"？殊不知他们的失败往往就在于没有很好地完成"第一任老师"的角色，能做的做了，该做的却没做或者做得不好。

学校老师承担的责任和义务是教育。

家庭父母给予孩子的首先是影响——因此称"第一任教师"。

孩子身上一定有家长的影子，这里面包涵了先天遗传因素和后天潜移默化的影响。

我注意到这样一种生理现象：孩子在遗传父母亲的一些特点

（尤其是缺陷）时，往往会更加突出显现该特点，我从我的众多学生身上取得了不少的例证，我不懂遗传学，不知我的这种感觉有没有依据或者普遍性，但是父母在性格、品质乃至行为习惯上对孩子的遗传或影响却是显而易见的。

王海洋，我带了三年高中的学生，现在北京大学读大三。北京市"希望之星"十佳中学生，高中期间入党，曾代表北京市高中生出访日本。这是一个十分优秀的孩子，家长说起来总会归功于我对他的教育与培养，其实不然，我认为王海洋健康成长的最大功臣是他的爸爸妈妈。在他身上你能看到他军人父亲的刚毅、正直；医生母亲的理智、细腻。这里面有遗传因素，更有父母亲的影响和教育。王海洋在接受《今日父母》杂志记者采访时说过："如果把我比做父母种植的树，那么从一开始他们就是善加引导而不是粗暴修剪的，这使我获得了宝贵的个性。"王海洋的幸运就在于"第一任老师"的言传身教帮助他奠定了成长的坚实基础。下面附上王海洋自己写的一篇"家庭教育感悟"——《我的父母是园丁》，家长们可能会从中悟出点什么。

我的父母是园丁

——家庭教育感悟

北京大学　王海洋

借用一个很普通的比喻，人们常常把对子女的培养比做培育一棵树，父母就是园丁。那么，我就是父母共同培育的一棵树，从我的母亲那里，我学到了理解、宽容和关怀他人；从父亲那里，我学到了刚毅、灵活和坚持不懈。

我和母亲的沟通一直很畅通，长久以来，我心里有高兴或是不愉快的事情都愿意和母亲讲。通常在我讲述的过程中，母亲都会耐心而认真地听我讲完而不中途打断，并尽量以建议的方式来表达自己的意见。我的母亲曾经对我说，她每次在处理我的问题的时候总是会提醒自己把心态放在"我"的位置上思考一下，然后再决定采取怎样的处理方式，也就是"换位思考"。这样，她就能理解我，并且在教育的过程中总是能恰到好处。我觉得父母在教育孩子前要反复思考如何巧妙地把握处理的"度"，这是非常重要的。似乎很多父母喜欢逞一时口舌之快，使用过于尖刻严厉的词语，把教育变成了教训。而一般处于逆反时期的孩子自尊心受到刺激后都很难接受过于严厉的批评，口服而心不服，就会采取拒绝沟通的方式对抗父母（我不告诉你，就不告诉你）。

我喜欢和父母间融洽的关系，很少有沟通的障碍和代沟。很多孩子有事情不愿意和父母讲，原因是他们曾经有过和父母谈话但是不被父母理解反而受到批评或指责的经历，同时，很多父母没有足够的耐心坐下来认真倾听自己孩子的讲述或是等他们把话讲完。父母们总是主观地以成人的标准判断着孩子们行为的对错，而忽视孩子世界中有着不同的思维方式，并且他们仍在成长过程中这个事实。

我父亲从军三十年了，长期的军旅生涯培养了他果断的作风，说话做事干脆利落。我在父亲身上学到了很多可贵的品质，其中

第一章　不都是孩子的错

最重要的一条就是男人要刚毅果敢。在家里，我和父亲的关系可以比喻为"打仗亲兄弟，上阵父子兵"，亲密而融洽，生活中喜欢彼此间开开玩笑。父亲平时不怎么管我的琐事，但却无时无刻不在关注着我，他总是在恰当时刻以意向明确的有效行动来指出我的不足。记得有一段时间我在学习上比较松懈，成绩下滑，父亲在告诉我之前主动来到学校向老师了解我的情况，而回到家里却对此事一笔带过——这在心理上给了我很大的震动和足够的压力，提醒我不敢放松学习。父亲在平时总是行动多于言语，但是他每次表达的意见却是我从不敢轻视的。

由于父亲工作的关系，我小时候有很长时间没有呆在父母身边，后来也几次迁移，在不同的环境中生活过。这使得我相比同龄人有更丰富一些的经历，加上父母的刻意锻炼，也让我有比较强的生活自理能力。

我的身上充分地体现着父母性格的影子，这既是父母对子女的潜移默化的影响，更是他们刻意培养的结果。

首先，相比于知识的学习，他们对我道德的要求更高。父母都出身在传统的家庭，正直是他们看重的品质，他们对我生活中行为是否恰当更加关注，从不放松，远超过了对学习成绩的关注。其次，我的父母在教育的过程中一直尽量给我创造宽松的环境，很少采取严厉的方式。

我的父母不像这个时代很多父母那样喜欢把一堆遥不可及的希望和自己未能实现的人生理想强加在孩子身上，他们从不过高地期待我未来取得怎样的成就，他们只是希望我这辈子过得心情愉快幸福就好。他们尽力给我创造一个宽松的环境，给我足够的空间去寻找自己喜欢的东西，让我自主地去体验生活。值得一提的是，父母在教育的过程中有一个很重要的方法：绝不两人同时批评孩子，也绝不一个人批评一个人偏护。他们认为，两人同时批评孩子所造成的高压家庭氛围不利于培养孩子的健康心态，所以每当他们需要批评我的时候，只是一个人出面。同时，他们认为失败的家庭教育在于很多父母本身在教育孩子过程中就有分歧，一方批评而另一方偏护，这样不利于达到教育的目的。

正是由于父母自身对我的影响，以及家庭教育中的理解宽松，使我有了较强的独立意识和自理能力。在高一参加中学生代表团访日期间，我是年龄最小的，却承担了许多组织和管理工作。大三时，我利用假期先是和同学们一起到内蒙古进行考察实习；活动结束后，我只身一人继续我的社会调查，途径嘉峪关、敦煌、西宁、格尔木、唐古拉山口……最后到达目的地西藏拉萨。算上返京的路程，此行程共约14000公里，2/3的路程是我背着双肩包，带着生活必需品独自一人走完的。在途中不仅饱览了祖国的大好河山，而且在借宿、搭车、长途跋涉的过程中，克服了重重困难，在困难中找到了难得的生活乐趣，在困难中获得了难得的人生经历。怀揣4000元，历时44天，行程1万多公里，我的意志品质经受了一次严格的锻炼和考验。我还是要感谢我的父母，是他们给了我勇气、魄力和能力。

我会长成风雨中的参天大树，绝不做温室中的幼苗和花朵。

一个刚上初一不久的小男孩，总在重复着一个错误：借钱、骗钱买零食。老师批评，妈妈劝说，爸爸打骂，均不见效果。在

第一章 不都是孩子的错

又一次向外班同学借了20元钱买羊肉串吃时，老师把他爸爸请到了学校。听着老师告状，这位父亲声泪俱下，表示真的很无奈了。这时有老师提出建议：把关老师请来试一试。我来到办公室，看到的是一位近40岁的男士在哽咽着诉说："小学六年级时全班同学的钱都借遍了，我一个一个替他还，挨个向同学道歉，满以为上中学后该改好了，没想到……"简单了解情况后，我下决心接手这个孩子，我给我自己的理由是：一、他是一个刚满12岁的孩子，恶习现在不改更待何时；二、这是一个被管坏了的孩子，比惯坏了的孩子好管。在我以一个大朋友的身份与他接触后，我首先替他还了最后一笔20元的外债，然后平等地进行沟通和交流，让他敢于把内心深处的想法说出来。在他的倾诉中，除了"控诉"爸爸妈妈的打骂教育外，有一个细节引起了我的注意：我告诉他，你上中学从一个小男孩要长成男子汉了，而爱吃零食一般来说是女孩子的"专利"，小女孩，甚至成年女同志才偏爱零食。我的话音未落，他迫不及待地告诉我："我们家不是这样，我妈妈从来不吃零食，爸爸每天晚上看电视时都要吃！"呜呼！这位为了管教孩子曾把孩子头打破的父亲，您有什么理由去纠正孩子的错呢，从根本上来说是您先错了。不能以身作则的教育是苍白无力的，是不能服人的，是注定要失败的。

今天的父母，不乏成功人士，但是在您得意于事业上的成就，得意于商场上的战绩，尤其得意于您的家庭财源滚滚，物质上能百分之二百地满足孩子的欲望时，您想到给孩子带来了多少负面影响吗？

我做过小范围的调查：90%以上的学生参加过家长在酒桌上

的应酬，50%以上的学生知道爸爸妈妈曾给上司、关系户甚至老师送过礼，有许多同学在家里目睹了爸爸妈妈的下属、关系户、委托办事的人送来的礼品。这些在今天社会里看起来不足为怪，甚至习以为常的"小事"，其实都在无形中影响着我们的孩子。

我的一个学生，爸爸是某国有银行负责贷款的。她曾经在一篇作文中写道："到我们家来求我爸爸的人络绎不绝，有时我都烦了。"虽然有时烦，但其中的好处、甜头我想我的这位学生已经尝到了。

老师们都有这样的体会，学生表现出来的一些个性品质，总能从家长身上找到根源，无论是勤奋、宽容、乐于助人的优良品质，还是懒散、自私、不负责任的不良品格，都不是孩子本身所固有的。

一个初三男生，学习不努力，经常违反纪律，但最让老师挠头的不是他的大错不犯小错不断，而是做了错事后不肯承认错误，千方百计找借口推卸责任，用一句通俗的话说就是"矫情"。可是后来发生的一件事让老师们着实领教了这个学生父亲的"矫情"比他儿子有过之而无不及。孩子违反学校纪律在不该踢球的地方踢球打碎了办公室玻璃，经多方调查证实的确是该生所为，按规定应该赔偿。慎重起见，老师首先征求其意见，是家长自己买好玻璃亲自安装，还是学校装好后拿来发票再向家长要钱？学生当即表示目前父亲不在北京，请学校负责安装。学校按照他的意愿把玻璃装好后把发票交给他，这时候他的父亲出现了，并随即做了几件事：第一步，嫌玻璃价钱高了，让孩子把发票带回交给老师（我们不难想象这位父亲在把发票交给孩子时说了些什么）。第二步，要求见负责安装的厂家，围绕价格问题进行一番理论。第三步，要求重新开发票（据说能报销）。经过一个多月的反复计较，最后极不情愿地把这件事了结了。通过这个过程我们不仅找到了该同学强词夺理的病根儿，而且孩子在全程经历甚至参与了这个过程后，"病情"只会进一步加重——这位父亲就是这样以自己的行为影响着自己的孩子，而自己却浑然不知。多么可悲呀！

父母的榜样作用往往就体现在不经意间。育英中学陈艳老师有一个6岁的女儿，刚上小学一年级。一天晚上我打电话找陈老师，她的小女儿接的，告诉我她妈妈不在。我说："请转告你妈妈，关老师找她，让她回电话。"当陈老师10点多钟来电话时告诉我，女儿已经睡了，睡前用汉语拼音加汉字给她留了个条，guan老师写成guang老师了，她猜可能是我。我听后非常感动，一来感动小小的孩子所具有的责任感，自己临睡觉前还不忘他人之托；二来惊讶她能够想到采用留言这种方式。陈老师告诉我，这不是刻意去教她的，而是他们夫妻二人经常用这种方式提醒、告知对方一些事情，女儿无形之中受到了影响——这是一种有益的影响。

还有一种不经意的影响却是在不知不觉中引诱孩子偏离正确的人生轨迹。一个天性单纯、本质淳朴的男孩子，在我的一节思想品德课上语出惊人："俗话说'肥水不流外人田'，我学到的知识凭什么告诉别人呀？"——这是在讨论两种学习方法，一种是自己独立学习，另一种是几个同学在一起学习。说到它们的优劣，同学们各抒己见。有的同学认为和同学在一起学习可以互相帮助，有不懂的问题能够互相商量，就是这种意见激起了那个同学的不满，于是引出了上面那一番话。我心中暗暗不解，这么小的一个孩子（刚上初一）怎么会有如此阴暗的想法呢？跟他的班主任一了解，我找到了答案——妈妈的不良影响。一件事情足以说明问题：老师去家访，当着孩子的面这位母亲不无自豪地向老师炫耀："您看我这个家的装修，全是我利用工作时间偷跑回来干的。"得意之情溢于言表。作为一位国有企业职工，以占了国家便宜为荣，还能对孩子有什么好的影响吗？可惜这位母亲，对孩子期望值颇高，对老师百般挑剔，却不知检点自身，意识不到"身教重于言教"的道理在孩子成长过程中有着多么重要的意义。

《北京青年报》曾经连载《寻找孩子的道德细节》，引起了全社会的反响。借此机会对孩子进行道德教育、人格培养固然十分必要，但是我特别想说的是，这些道德细节我们成年人做得怎么样，家长们做得又如何呢？我组织初一年级同学讨论其中的一个内容"吃完麦当劳你收餐盘吗"？两个同学的发言发人深省：一个同学说："我每次都收，因为我妈妈从第一次带我吃麦当劳就告诉我要自己收拾，而且妈妈从来都自己收。"另一个同学则说："我也想过要收，我妈妈不让。"显然，家长的道德细节给孩子带来了最直接的影响。就我个人的所见所闻，曾经无数次地引发出我的感想：

当您带着孩子一起闯过了红灯，可能交警没有看见，

——但您的孩子看见了；

当您在禁止吸烟的场所吸烟，可能没有人干涉您，

——但您的孩子看见了；

当您在送孩子上学的路上很随意地吐了口痰，

——您的孩子看见了；

当您在酒桌上推杯换盏之际口无遮拦"无话不谈"时，

——您的孩子听见了；

第一章 不都是孩子的错

当您很不礼貌地嚼着口香糖与人交谈时，

——您的孩子学会了；

当您收到别人的礼品甚至是贿赂让孩子去享用时，

——您的孩子已经被污染了；

……

榜样的力量是无穷的。最近距离、最直接的榜样就是孩子们的爸爸、妈妈，孩子身上的优点、美德是您给的；同样，孩子身上的一些不良习惯您也难辞其咎。

不都是孩子的错。孩子身上一定有家长的影子。

通过众多案例得出上述结论后，我也曾对此有过质疑：因为现实生活中确实有一些父母自身很优秀，无论个人品质还是学业和事业都无可挑剔，但孩子却一身的毛病，懒散、任性、不爱学习……父母一筹莫展，老师也倍感困惑。"那么温文尔雅的父亲怎么有这么一个儿子？""爸爸博士，妈妈硕士孩子怎么就不爱学习呢？"看来孩子的品行优劣单纯从父母遗传和影响上找原因是不够的。

在一次和正在中国人民大学哲学系读书的儿子交流时，儿子提醒我："妈妈，你不要把影响和教育混为一谈，这是不能够互相替代的两个概念。家长本身很优秀而教育失败的大有人在，今天的家长哪个不望子成龙啊，哈佛女孩刘亦婷其实就是她父母亲遗传——影响——教育的一件成品。"随后他给我介绍了他大学同宿舍的一个"惊人相似"的现象（儿子原话就用了惊人相似四个字）：他们宿舍共6个人，除他一人是北京的以外，另5位同学分别来自四川、湖南、云南、贵州，且都来自农村和贫困的山区，但都是当地的状元或全村唯一的大学生，这并不为奇。中国人民大学嘛，作为名牌大学,学生来自五湖四海,没有点儿真功夫还进不来呢!儿子认为"奇"的是这5位同学每人家里都至少有一位老师,或父亲,或叔叔,或哥哥;或村里乡里民办教师,或在山外面的大学里执教。儿子在和这些同学的朝夕相处中深切地感受到,父母给他们的影响就是两个字:质朴;而对他们的教育也是两个字:读书。这些面朝黄土背朝天的淳朴农民们深刻了解知识与命运的关系,可以说就是这四个字成就了这些孩子,了却了他们的心愿,而看似简单的四个字却比城里那些"为爱伤透了心"的父母们有着更深刻的内涵。

与儿子的一番探讨使我意识到,单纯说"孩子身上一定有家长的影子"不是不对,但不完整,不全面,还应该补充上一点:在孩子身上能找到家长教育的痕迹。于是一个观点在我头脑中逐渐清晰起来——孩子身上一定有家长的影子或家长教育的痕迹。大量活生生的个案验证了我的观点。

 ## 单亲家庭照样出好孩子

张思宇,我所任教的北英中学初三年级学生,品学兼优,全面发展。上初中三年来先后担任班长、少先队大队长、学生会主席。获学校一等奖学金,是区级优秀团干部,北京市三好学生。他的行为表现让老师们由衷地赞叹,让同学们发自内心地折服。张思宇本身并没有多聪明,但对知识的渴望使得他学习自觉性强于同龄人。与那些被动学习的孩子相比,他学得虽然辛苦却津津

第一章　不都是孩子的错

有味，各科成绩名列前茅却不是"两耳不闻窗外事，一心只读圣贤书"的书呆子。他喜绘画，练书法，爱读书，学摄影；学校运动会二百米、四百米冠军；每日放学必踢半小时足球；利用周六参加人民大学小记者培训班取得小记者证……除去他个人丰富多彩的业余生活以外，班级工作井井有条，学校各项活动都少不了他的组织和参与；不管学习成绩多差的同学找他问不懂的问题他都是有求必应，耐心细致地解答。他的一身正气，他的多才多艺，他那永远充满活力的精神面貌，使我这个带了他三年的班主任在他的毕业鉴定上写下了这样一句话：一个不可多得的优秀人才的好苗子。

就这样一个好孩子，他的家庭背景却不尽如人意。父母在他上小学一年级前一个月离婚，张思宇从此离开了爸爸妈妈跟爷爷奶奶生活在一起。人都说单亲家庭的孩子或缺少关爱或更多的是溺爱，不容易教育成功，可是承担起家长责任的爷爷奶奶却用"高超"的教育理念和教育方法引导着张思宇在"做人"和"成才"的道路上一步一个脚印地前行。奶奶逢人便说"我们张思宇太幸运，上初中碰上了关老师"，而我却始终认为，张思宇的健康成长，首先要归功于他爷爷奶奶的教育有方。

张思宇自打上学开始，就和爷爷奶奶住在一起。思宇的爷爷奶奶担心他缺少父母的关爱而走上歧途，于是，在思宇入学后不久，老两口便召开家庭会议，"约法三章"：不管大人有什么过错，都不说给孩子听；不管有多么困难，也要给小思宇一个正常的"爱的环境"；品德教育要从"爱的教育"开始。

在这样的思想指导下，爷爷奶奶着实下了一番"苦功"：

首先让思宇能和他的母亲、姥姥一家保持正当的交往。

其次不让孩子恨自己的母亲，教育他爱自己的母亲，培养孩子宽容的品性。爷爷在他很小的时候，就开导、教育他：成年人选择离婚是他们的自由，孩子不应该为此指责自己的父母。宽容是一个人最重要的品性。并且告诉他要尊重别人选择的权利。

主动与思宇姥姥家沟通，为了孩子的前途统一思想：溺爱不是正确的爱。

在大家的共同努力下，虽然思宇在法律上失去了母亲，但他并没有失去母爱。每到母亲节的时候，思宇都会记得问候母亲，平时母亲也会经常来看望他。周六、周日小思宇更是整天呆在姥姥家。

童年的张思宇在爷爷奶奶的悉心教导下并没有失去爱人、容人的能力和胸怀。这是"爱的教育"给予他的最宝贵的东西。

在现实生活中，隔代的长辈往往会毫无目的地溺爱。思宇的姥姥以前很溺爱他，思宇想吃什么，想要什么，他姥姥都毫不犹豫地满足他。自打爷爷、奶奶、姥姥在思想上达成一致后，他们对思宇的爱变得"严厉"起来，处处要求他自立。他们认为孩子早晚总得自立，孩子的自立能力必然从小时候开始培养，否则就害了孩子，孩子反过来也会恨家长。因爱成恨的事并不在少数。

爷爷奶奶从小就教思宇："一个人只有自立才会受人尊敬。"在生活中他们也这样要求他。他很小就自己洗衣服。从小学开始，每天家里吃完饭都由他洗碗。开始他做不好，爷爷奶奶就有意识地鼓励他，培养他的动手能力、自立精神，让他从小就有自己的事情自己干、愿意为别人服务的意识。

在学习上，张思宇小学时候的成绩并不好，天资也很一般，

第一章 不都是孩子的错

开始还老要人手把手地教。但爷爷奶奶意识到，这样会使孩子产生惰性，不利于培养孩子的学习兴趣。其实只要有了兴趣，孩子自己就会主动钻研，学习成绩自然会提高。于是奶奶就采取不同阶段树立不同目标的方法激励他。

比如，小学三年级的时候他的数学成绩不好，奶奶就和他一起学习，一起做题，看谁做得快。小孩子就是这样，有人比着就有了劲头，想不通的问题就使劲想，逐渐地就会从量变到质变，说白了就是开窍了。奶奶一直采用这个方法，给予思宇精神上的动力，使他自己克服困难的能力大大提高。

这一方法十分奏效，渐渐地思宇学会了自己给自己定目标。比如下一次考试要考第几名，哪门功课在三个月之内要超过哪位同学，等等，名堂挺多，都是他自己制定的。在小学六年级时，思宇就以北大西语系德语专业的叔叔为目标，并和奶奶订了"君子协定"：在学习上要超过叔叔，至少也要赶上叔叔。

思宇的爷爷说："给孩子树立目标这个办法特别好。现在思宇学习很有上进心。小学三年级以前他没有明确的目标，学习起来可没有现在这么自觉。"人有了明确的奋斗目标，自然也就有了兴趣。兴趣是最好的老师。

学习和生活一样，都应该让孩子自立完成。学习毕竟是自己的事，别人代替不了。比如，上小学的时候，有一些文章、诗词要求背诵，通常老师都要求家长辅导孩子背课文，由孩子背，家长对照课文检查。而思宇的爷爷认为这个方法不好，就要求他自己背课文，背完之后默写在纸上。既然能默写出来，自然也就能背出来。这样既加深了对课文的理解，还培养了他自学的能力。

培养自学能力的另外一条重要途径是鼓励孩子多看课外书。开始，思宇的爷爷奶奶为了引导他，经常给他推荐课外读物，像《上下五千年》《世界五千年》等。但他看没看进去，看没看懂，没法掌握。思宇的叔叔想了一个好办法：每次思宇看完一个章节或一本书，就让他给叔叔复述主要内容。如果讲得不对，就建议他再看一遍，看完了再讲，直到讲得大致符合书的内容为止。

随着课外知识的不断积累，思宇的精神世界日益充实、丰富。这使得张思宇对一些类似"追星"这样的社会现象有比较清醒的认识，他提起学校里"追星"的同学十分不屑："他们层次太低。"这使爷爷奶奶感到安慰，但为了防止他由此轻视能力比自己差的人，就及时教导他："追星是别人的自由选择，不要忘记宽容。别人有不足，要热心帮助，而不是嘲笑、轻视。"

现在很多孩子由于父母平常不注意教育，小小年纪就很自私，自高自大看不起别人。现在是市场经济的社会，人与人之间的关系是既竞争又合作。随着时代的进步，分工越来越细，每个人都是复杂系统中的一分子，人与人之间如果不合作是干不成事的。要合作成功就不能自私、自大。

思宇爷爷总结出了一个观点：人要有博大的胸怀，才能承载高远的理想，才能经受命运的磨砺，从而才能成就不凡的事业，获得生活的幸福。顺着这一观点，爷爷奶奶顺理成章地总结出一条品德教育思路：

千万别让孩子养成自私、自大的性格；而体谅他人、关心他人的品性，要从生活中点点滴滴的小事教起。

抓小节、细节是思宇爷爷奶奶的一大法宝。每到学校搞什么活动,比如要从家里带劳动工具什么的,爷爷奶奶总是很支持,还让思宇挑好的带。爷爷奶奶还经常叮嘱他,放学离开教室的时候一定要看看门窗、电灯是否关好了,帮助打扫卫生、帮助学习落后的同学等等。

另外,通过在一些小事上确定"不得不做"的规矩,强化他"心中有他人"的品格。比如,爷爷奶奶从小就要求他回家后一定要先说"爷爷奶奶我回来了",出门要说"爷爷奶奶我走了,我到哪儿去",等等。有一次他出门忘了打招呼,爷爷叫住他说:"还有一件什么事忘了做?"思宇马上意识到了,就说:"爷爷,我走了。"此后他只要出门就不会忘记跟家长打招呼。这不仅仅是礼貌问题,更是为他人着想——免得爷爷奶奶不知道他去哪儿了担心。

今天的张思宇正在育英中学重点班读高一,也许他在学习上不是出类拔萃的,但是在心理、品行、人格等方面我认为是最好的,是爷爷、奶奶高超的"爱"弥补了他单亲家庭的缺憾。

 ## 好孩子让家长教坏了

"人之初,性本善。"尽管现在有人对人性"善"还是"恶"有了不同的说法,我还是宁愿相信老祖宗的论点——起码孩子一出生应该是一张白纸。

"我妈她是一只好心的狼!"您相信吗?这是一个高中生对她母亲的评价。在我去家访时,孩子关起门反反复复地重复着这一句话,既咬牙切齿又无可奈何。

这是一个军人的儿子，从小在部队大院里生活，本身天资聪慧，应该说是一个可造就的好材料。可是三年高中下来，没有朋友，甚至没有一个保持联系的同学，同学们只知道他第一年报考清华大学没有被录取又复读了，第二年再参加高考听说成绩还是不理想，至于上了哪所大学，没人知道。同学们聚会时都在互相询问，却没有一个同学敢直接给他家里打电话，因为大家都知道他有一个很厉害的妈妈。就是这个妈妈培养了儿子的自私，就是这个妈妈剥夺了儿子自理、自立的能力，尽管孩子反感、抵触妈妈的教育，甚至用"好心的狼"这样残酷的字眼来形容自己的母亲，但是在年复一年、日复一日的教育熏陶下，妈妈教育的痕迹深深地刻在了孩子的身上。

在这位母亲的心中，自己的儿子是最优秀的，儿子就是一切。她不但在我家访时再三向我说，每天脑子里没有别的事，全是儿子（包括上班时间），而且在所住大院里逢人开口就是"我们家"，迫不及待地向人炫耀自己的儿子，到了让"听众"避之不及的地步，住在同院的同学戏称这位母亲为"祥林嫂"。

高中三年这个学生除去背书包以外，每天用一个布袋子装很大的一个保温瓶，必须喝妈妈亲自烧的水，她家整箱的矿泉水，只用来招待客人，绝不让儿子喝，怕不干净。

晚上如果孩子在自己的房间里学习三个小时，妈妈起码得进来六趟，一会儿送水，一会儿削好了梨，一会儿该喝牛奶了……孩子虽然很烦但也得接受。

该学生学习不错，在重点班。但妈妈永远不满足，亲自出马到各处去寻找校外的所谓提高班，花钱是在所不惜的，每一个周

第一章 不都是孩子的错

六日安排得满满的，不但孩子累，更让人不可思议的是，孩子无论去哪上课妈妈都要亲自陪同，抱着水和食品坐在教室外面等候，孩子上几节课就等几节课，同去同回。

平时这个学生骑自行车上学，路程最多不超过15分钟。冬天下雪路滑，对这些高中生来说本不算什么，不论男生女生，个大个小，不但都能按时到校，而且把路上摔跟斗当做笑谈，唯独这位同学肯定迟到，有时要迟到很长时间，理由是：我妈让我打车，等车就要半个多小时。至于迟到破坏了集体荣誉，上一半课进教室打断了老师、同学们的思路，这都不在这位母亲的考虑范围之内。

现在的孩子们平时交往的一个重要手段就是电话联系，尤其是晚上做作业时遇到了不会的问题，都愿意利用电话进行交流。但这位妈妈却给儿子充当了专职"接线员"，同学找他请教问题，一般妈妈就先挡驾了。久而久之没有同学再敢往他家打电话。即使在学校他也轻易不肯帮助同学解一道题，他得到一本好的习题集，同学想借看一下一般都会碰钉子。

本案例写到此读给儿子听，想征求一下儿子的意见，不料遭到儿子的反对。他认为作为老师我不应在书中流露出对学生的不满，他感觉这个学生并不可恨而是可怜。其实我的本意也不是要贬低我的学生，而是要用事实说明孩子身上一定有家长教育的痕迹。该学生在高一时与另一位同学结伴回家，出校门不远碰上几个外校同学寻衅滋事，那位同学义正言辞地斥责他们之际，这个同学却溜之大吉了，使那位同学孤身一人险些被打。过后我调查此事，询问这位同学为什么要跑，他竟然回答"我回去叫我妈去了"，实情是他既不敢挺身助威直面邪恶，也没有回去叫家长出面帮忙，甚至不曾想到返回学校求助于老师同学，而仅仅是逃离了危险，有效地保护了自己。这难道不是家长长期教育的结果吗？孩子本无过，家长的影响和教育是孩子成长过程中的助推力，至于向哪个方向推，就取决于家长的自身素质、教育观念和教育方法了。知心姐姐卢勤老师"告诉孩子，你真棒"的理念我十分赞同，认真拜读后受益匪浅，但是告诉孩子真棒必须有一个重要前提，就是教育者自己首先要明确什么是"真棒"，要有清晰的是非观念和一定的道德水准。卢勤老师曾举过一个很经典的例子：一个孩子和妈妈一起乘坐公共汽车，孩子正好达到了该买车票的身高，上车后当面对售票员时，妈妈把孩子的头往下一按，孩子心领神会，就势把腿往下一缩，于是一张车票逃过去了。下车后妈妈夸赞道："儿子，你真聪明！"等下一次乘车不用妈妈提醒，孩子自觉地就低头缩腿，再一次逃过票后十分得意地向妈妈表功，也就再一次受到了妈妈的表扬。就凭这位母亲的素质，只怕是要把孩子夸坏的。

 ## 管坏了的孩子比惯坏了的孩子好管

这是一个初一小男孩写给爸爸妈妈的信。

> 敬爱的爸爸妈妈：
>
> 你们好！
>
> 作为你们的儿子，我有许多的话想对你们说。我有时老是干

第一章 不都是孩子的错

坏事，惹你们生气，可是每当我干完坏事后，我也不断地失眠，我希望找你们承认错误，可我不敢。记得你们曾经说过，只要我认真地承认错误，你们决不打我一下！说实在的，我当时听了，只是在心里无奈地摇头。等你们刚说完，便发生了一件事：记得在一次考试前，你们让我改卷子。也许是因为笔迹一样，爸爸用一个改锥用力地打在了我头上，我的脑袋立即流了血。爸爸肯定是着急才打了我，这个我明白，可是我那天的确是改错了呀！你们也吓傻了，我当时见了血也吓得哇哇大哭，我一时间恨起了你们，可是你们急忙把我送到医院包扎的情景让我揪心。我当天受到了优待，你们将好吃的东西往我嘴里塞，我能恨你们吗？爸爸妈妈，你们也放下心来，冷静地想一想：你们难道没有委屈过我吗？不错，我并不实在，我并不是不想改好，只不过我不想再挨打。打骂并不能解决什么实际问题，请你们三思而后行。改错这两个字人人会说，说句实话，我这两天一直在变好，上课也不像以前那闹了，请再给我一个机会，谢谢！

儿子陈思

2003年11月11日

  这封信的原件现仍保存在我的手里。写给爸爸妈妈的信为什么会在我这儿呢？其实这是我接手陈思这个孩子后给他布置的一次"作业"——对爸爸妈妈说说心里话。

  在我本年级的正常教育教学工作之余，我还做着一份额外的工作（没有人安排，没有报酬，纯属自愿），就是帮助一些家长、老师眼中的"问题孩子"。有校外慕名来找我的,有本校其他年级的。在帮助这些孩子进行心理调整和行为矫正的过程中,我逐渐摸索出一个规律,即,管坏了的孩子比惯坏了的孩子好管。

小陈思就是一个被管坏了的孩子。前面我已经提到过,一个挺聪明的小男孩,爱吃零食,借钱、骗钱来满足自己贪吃的欲望,已经到了十分严重的程度。学习成绩在全年级排在100名开外。妈妈唉声叹气,知识分子的爸爸在老师面前羞愧难当,老师也认为"没招儿"了。在这种情况下我接手了这个孩子,并一步步走进了他的内心世界。在我与他朋友式的交流中,我的感受是:这孩子并不像大人们想象的那么坏。首先爱吃零食是家庭从小给他养成的不良习惯;其次爸爸的打骂、老师的批评、同学的羞辱使他已经失去了自尊;再次他每次花钱买零食都不是自己独享,而是大部分都分给了同学们,这是他找回自尊、渴望友情的一种方法。面对这小小的孩子,我有一种揪心的痛,大人们为什么就不能改变一下自己"嫉恶如仇"的情绪和"致之死地而后快"的极端做法呢?当我和他推心置腹地长谈了两次,并为他还上了欠外班同学的20元钱,他感受到了久违了的温暖,哭着表示要用每月的零花钱还给我,并写下一份保证书,署名是:您的学生 朋友与最崇拜者陈思。但这似乎还不足以表达他当时的感情,在日期下面又附了一小段话:"关老师,真的,我没有盲目地崇拜过一个人,您是第一个。是您指给了我一条明道!我十分感谢您!先不要相信这些话,我要用行动去证实给大家看!"有意思的是,他在这段话后面又写了:我的手指印儿,然后按上了一个蓝色的、十分清晰的指纹(显然是因为没有红色的印油)。孩子的幼稚和真诚让人感动。但更重要的是陈思真的变了，不再乱花钱了，不在外面吃零食了，爸爸把训斥和打骂转换成说服与鼓励后孩子精神上放松了，老师的肯定与表扬激发了他的上进心，学习成绩直线上升，到了期末考试成绩从年级的102名提升到了64名，增强了自信，找回了自尊，进入了良性循环。这次不用他家长说什么感谢的话，我首先就庆幸陈思这个小家伙遇上了我，我也是个"管"他的人，不过是摒弃了那种传统的教育管理方式，对孩子多了一些理解与宽容，结果他就被心甘情愿地管过来了。

"老师，我怎么也想不明白，我为她创造了那么好的条件，她怎么就不学习呢？"这是一位父亲坐在她女儿的班主任对面，十分虔诚地进行讨教。我在我的办公桌前一边干着自己的事一边注意着他们的谈话，因为作为年级组长我太了解这个孩子了：活得潇洒，无忧无虑，无所事事，学习成绩在全年级190名学生中排在170名以后，初中三年老师们做了无数工作也没见效果，眼看上高中无望，家长真是着急。可是今天她爸爸的一番话却让我找到了问题的答案："这孩子从小全家人都宠着，要50块钱我准给100，别让孩子在花钱上为难；说要个复读机我连个愣都没打，直接拨商场电话，立刻就给送过来了，用两天嫌不好，马上又从美国给买回一个；长这么大甭说刷碗、洗袜子，连自己吃的饭都没盛过一碗……"他还在喋喋不休地诉说请了多少家教，光家教费每月要花近千元，并反复问："她为什么就不知道学习呢？"我忍不住打断了这位父亲的话："她为什么要学习呢？不学习不是照样有这么好的生活吗？"很显然，这个女生不爱学习或者说懒得学习的根源就在于家里爸爸妈妈爷爷奶奶等众多亲人的宠、惯、疼、溺爱，过惯了养尊处优、衣来伸手饭来张口的生活，物质上的满足感使得她怎么可能去干学习这种"苦差事"。这是一个惯坏了的孩子，想改变她要比被管坏了的孩子付出更多的精力和努力。

结束语
——你可以为孩子选择学校，孩子却无法选择家长

我长期以来密切关注的孩子都是11~18岁的初高中学生，这些孩子在家长和老师眼里或优秀，或平庸，或顽劣。对于多年来和这些孩子密切接触的我，对他们已经形成了几点认识：一、孩子自身在天资、智力方面本无很大的差异，有的只是习惯、品德、气质、人格等非智力因素方面的后天差异。二、孩子的后天差异源于多种因素，主要包括家庭环境、社会熏陶和学校教育。我之所以这样排序，是因为我认为家庭影响和家庭教育在孩子成长过程中的作用比学校教育更重要。三、这个年龄段的孩子有很强的可塑性，是学做人的关键时期，尽早抓出效果有可能成就孩子的一生；但这一阶段的教育又有很强的时效性，当世界观逐步确立后，再进行教育可就增加了难度，可谓"机不可失，时不再来"。

我注意到现在有很多教育方面的有识之士，在家庭教育这个领域提出了许多理论、观念或建议，"好孩子是夸出来的"，"告诉孩子你真棒"，"天才是管出来的"……等等，意在指导家长在教育子女问题上应该建立什么样的理念，应采取什么样的教育方法和

教育手段，怎样帮助孩子成才。专家们谈得很细，指导得很具体，对于初为人父母者可以说开卷有益。因为教育本身就是一门学问，一门艺术，中国家庭教育的传统性和随意性，与社会进步和孩子们的思维发展拉开了太大的差距。望子成龙的家长们只有边学习教育边实施教育，才不至于在若干年后哀叹自己教育的失败，所以向研究教育的专业人士或者专家学者学习请教，不但有必要简直就是至关重要。可是对于十二三岁、十五六岁甚至十七八岁，正在青春期当口的孩子们来说，和上一辈人的代沟已经形成，他们从小没有接受多少科学的、理性的教育，现在你再跟他说"孩子，你真棒"，他会在心里说"你真虚伪"。用家长的话说："这孩子怎么油盐不进，软硬不吃"（家长的原话）。于是解决不了实质问题的家长们只能着手解决外围问题，尽自己最大的能力为孩子选学校挑老师，不惜重金上私立校、民办校，而孩子一送到学校家长又大松心了，把责任推给了学校和老师。我校一位年轻教师曾经十分委屈地向我讲述了这样一件事：一个初一小男孩，从小娇生惯养，不爱学习，妈妈溺爱，爸爸不管，连每天起码的家庭作业都不能完成，学习成绩极差。老师不甘心看着他越差越多，越拉越远，于是利用自己下班以后的业余时间给他辅导数学，考虑到怕家长不放心，又给该学生父亲打电话，告诉他孩子在我这儿，晚回去一会儿。老师想得周到，做得细致，家长应该心存感激才在情理之中。不长时间妈妈赶来，进到办公室不用说问候老师或说句感谢的话，连看都不看老师一眼，冲着孩子就是一句："你怎么了？"老师赶忙解释在给孩子补课，然后家长如释重负"他爸爸打电话就说去看看你儿子吧"（据说这位父亲经常用"你儿子"三个字），然后又转过头对着孩子说："你完事没有？"完全是一副立即把孩子接回家的架式，老师无奈只好草草结束，自己的一番好意家长似乎根本不理会，也完全没有配合老师怎么来帮助自己的孩子进步的表示，老师说："我真的很寒心。"你能说这位妈妈不关心孩子吗，她毕竟为孩子选择的是一所高收费的民办校，离家不算近，每天还要接送孩子上下学，用心也算良苦，但可叹的是家长自身修养不高（对老师没有起码的礼貌），不懂教育，甚至不了解什么是对孩子真正的爱；可惜的是她只知道为孩子选择了学校，而她的孩子却不能选择一位引导自己健康成长的妈妈。这难道不是孩子的悲哀吗？

　　说到选择学校，我真的有太多太多的感触和看法。因为自2001年我进入一所民办学校任教以来，接触了许多望子成龙心切却又不得教育要领的家长们，他（她）们深知孩子从小学升入中学是一个重要的关口，要迈一个比较大的台阶，因此而给予极大的重视。家长们所能做的无非是选择一所理想的中学，于是绞尽脑汁，各显神通，托关系找门路，能上公办的好学校当然最为理想，实在不行了反正现在民办校、私立校可供选择的也不少，不就是花上几万块钱嘛，为了孩子的前途那是在所不惜的。经过四处咨询，反复斟酌，左右权衡，精挑细选，一旦确定之后，家长们就像二传手一样把孩子传给了学校，交给了老师，赋予了学校和老师太多太重的责任，家长居高临下地要求和指挥着学校，结果还不见得能够满意。

　　作为在教育一线打拼了多年的我，目睹和感受了家长们的愁处后，对家长们的同情只有百分之二十，而把百分之八十的同情心给了孩子们。中央电视台有一则公益广告，广告语是这样一句话："父母是孩子最好的老师。"家长们可以花钱为孩子选择学校，选择老师，而父母作为孩子的启蒙老师孩子们却是无法选择的。尤其是已经做了十余年不合格的家长，又赶上孩子进入了青春期，两代人之间的碰撞加剧之时，家长们不应该只是一味地指责孩子和苛求老师，而应该反思一下自己的教育思路及教育方法，也许只有您的转变才是青春期与更年期之间的调和剂。

最后，我摘录中央电视台《实话实说》节目嘉宾，教育工作者皇甫军伟老师的一句话，供家长们思考：

河北一对农民夫妇培养了6个大学生。他们两个几乎不识字，道理也讲不出来，但是他们的每一点行动都能让孩子去理解。我称这种交流是伟大的交流，是第一流的交流；第二个层次的交流是说一句孩子能够听一句，这是优秀的家长；第三个层次的交流就是家长说三句，孩子能记住，但不一定立马就按照他说的去做；第四个就是基本介于合格和不合格边缘（之间），说三句孩子一句不听，一句没记住；最糟糕的一种是家长说三句，孩子都记住了，但是反着做。

每一个家长都可以成为解救孩子的老师。

第二章

了解孩子是教育成功的首要条件

这是一个残酷的调查，记者在发放试卷的时候没有预料到最后的结果竟然是这样：6成以上的中学生认为自己没有朋友，9成以上的人不愿意把心里话跟父母说——我们很愿意我们的抽样出了问题。

——摘自新京报《孩子的真心话说给谁听》

第二章 了解孩子是教育成功的首要条件

这是一个残酷的调查,记者在发放试卷的时候没有预料到最后的结果竟然是这样:6成以上的中学生认为自己没有朋友,9成以上的人不愿意把心里话跟父母说——我们很愿意我们的抽样出了问题。

在接下来的采访中我们发现许多家长也为此发愁,孩子为什么不愿意和大人说话?家长到底该怎么做?

——摘自新京报《孩子的真心话说给谁听》

"理解万岁"是前几年风靡了一阵子的一句时尚语。在这四个字的启发和影响下,中小学生们,年轻的孩子们时不时发出"老师、家长请理解我们"的呼声;而老师们则在抱怨:"老要求我们理解学生,谁理解我们呀?"父母们更是无奈地叹息:"这孩子怎么就不理解我们对他的一片苦心呢?"看看,两代人为了求得对方的理解快打起来了。其实要我说,谁都不容易,谁都渴望理解,谁都需要理解。就说学生吧,他们过的是孩子们该过的日子吗?就拿我现在的学生来说,住得离学校最近的每天也得6点半起床,7点半以前必须到校,一上午5节课,中午连吃饭带休息应该将近两个小时，但按照不成文的规定学生们都要提前50分钟回教室，下午再上2~3节课，课后主科统练（统一练习——过去的说法叫考试或测验），最早4点半放学，实际上老师们不会轻易让孩子们4点半离开学校，辅导到五六点钟是常事，晚上连作业带复习，很少有11点以前睡觉的（初三毕业班学生基本都在12点以后上床）。周六、周日不是家教就是补课班、提高班，仅存的那点儿"玩儿"的天性使得他们偷着摸着玩会儿电脑，抢点儿时间打会儿篮球踢会儿足球，趁父母没下班看会儿电视……但哪样也没玩踏实过，因为一旦让老师或家长发现了，就有可能引起轩然大波。我的一个学生就曾在他的一篇作文中把他"偷看"电视时的情境和心态做了活灵活现的描述："眼睛盯着电视画面，手里拿着遥控器，手指虚放在开关按钮上，耳朵听着楼道的脚步声，心中十分忐忑不安。听到门前似乎有动静了，赶快关掉电视机，迅速坐到书桌前，唉！一场虚惊，脚步声是往楼上去的。"孩子们的种种表现可恼？可气？可恨？我看是可怜！可是没办法，在目前的教育体制下，他们不这么"拼搏"，就有可能偏离目前中国"成才"的轨道：小学——初中——高中——大学……用很多成年人教育孩子的一句话就是"今后你没个大学文凭，哪个单位要你，你连自己都养活不了"！弄得现在的学生们在自己的人生字典里增加了两个字：郁闷——这是中学生们目前用得频率很高的两个字。

要说孩子的父母们也实属不易。"越大越操心"是家长们的抱怨。因为从城市来说绝大部分家庭的经济条件还说得过去，在孩子小的时候父母们都尽可能地为孩子营造好的环境和创造良好的学习条件，主动权还是掌握在家长手中。可是小学毕业升初中，家长的主动权就被大大地削弱了——实行了五六年的"电脑派位"制度今天仍在继续（而且是就近的原则），这样一来孩子上哪一所中学已经不完全是家长能决定的了。于是私立校、民办校应运而生，家长们为了能让自己的孩子上所谓的好初中可真是煞费苦心。首先要舍得把多年的积蓄投资教育（据我了解，上自费初中的学生家庭绝大多数是工薪阶层，能够"大款"级别的是少数），学费也好，赞助费也罢，不管是一次交清还是分期付款，3年下来最低也在4万元左右。还有一个问题是家长手里攥着钱仍要为选择学校大伤脑筋。于是每一年的3~5月北京（外省市不太清楚）便出现了一景：各民办、私立初中校展开了抢生源大战，家长们领着孩子奔波于数个学校之间：考察——咨询——报名——考试——打电话或托人问分数（在这以前一般都是脚踩几只船，赶上两所学校同一天考试学生就跟赶场似的）——交钱——焦急等待录取；一旦感觉哪儿不满意或者又有了新的目标还要退费——换学校……不进入6月中旬，拿不到录取通知书就消停不下来。作为现在民办校任教的我，亲眼目睹了家长们在为孩子选择学校时的艰辛，不由得发自内心地感叹：可怜天下父母心，今天的家长容易吗？

  老师们需要理解我最有切身体会，也就最有发言权。首先从对教师基本素质的要求来讲，学历、外语水平、计算机能力、普通话水平等等是现在考查教师资格的硬件，而各种考核评比、教学基本功大赛等软任务也像一条条小鞭子不停地在老师们的背后抽打着。但这些还都算不了什么，老师们真正面临的巨大压力来自于三个方面：其一，在社会大环境的影响下，孩子们的思维、心理、行为的不稳定性，加大了教育难度；其二，中高考毕竟仍然起着"教学指挥棒"的作用；其三，家长对孩子们的期望值过高，尤其是民办校、私立校更为明显。有人称今天的教师为"戴着镣铐的舞者"，我觉得很是形象，在教育这个大舞台上，绝大多数老师们的敬业精神是得到社会认可的，尤其是中小学教师，累、操心、辛苦、疲劳、担责任……说重了怕学生跳楼，管松了家长不满意；作业留多了学生抱怨负担过重，练习做少了老师又担心学生在成绩上吃亏；组织春游、秋游怕出危险，不组织学生们嫌生活乏味……尤其初三、高三毕业班的老师们，顶着骂名，硬着头皮，牺牲休息时间，拖着疲惫的身体给孩子们"增负"、"加压"，用一句"只要你们考上理想高中、理想大学，累也值了"来宽慰自己。我所在的民办校按道理说应该是按劳取酬，老师上一节课挣一节课的钱，可是每天1点10分以后老师们主动加了一节课，数理化语外五科老师自觉排了课表，一周五天每天中午上一科，学校不给报酬（理由是老师们自发、自愿的），老师们干得还挺带劲儿。国家法定日工作时间为8小时，而老师们根本不可能把工作时间控制在8小时以内，何况晚上还有家访、批改作业、做题、接听学生及家长电话等附加工作。难怪我听到有好几位老教师在为自己的儿子张罗对象时，一提到要介绍一位老师，儿子们就像商量过似的都是同一个口气："您饶了我吧，咱家有您一个老师就够烦的了。"所以，作为老师，当得不到理解时心理能平衡吗？

总之，孩子们需要家长、老师的理解。

家长们希望得到孩子们的理解。

老师们则渴望学生和家长的理解。

谁的要求也不过分，谁都没有错！

第二章 了解孩子是教育成功的首要条件

理解必须有了解做前提

在各方面都在争取理解，又都感觉不能如愿的情况下，我逐渐意识到，单纯说理解有点儿太空泛了，什么是理解？怎么样才能理解？怎么做才是理解？理解到底包括了哪些涵义？其实各方面都不是十分明确，只不过把"理解"这种呼声当做指责，当做发泄，当做抱怨，当做否定别人、肯定自己的一种借口。**其实冷静下来想一想，"理解"已经进入了一个较深的境界，它包含了解、接纳、宽容及换位思考等等诸多内容，而我认为排在第一位的应该是"了解"，了解对方的想法，了解对方的心理，了解对方的苦衷，了解对方的要求，了解对方的……真正了解了，理解会油然而生。**可惜的是今天的父母们虽然视孩子为掌上明珠，虽然生活上关怀备至，虽然寄予孩子莫大的希望，但我却要十分肯定地说：家长们对自己朝夕相处的孩子并不了解，而且是越来越不了解了。也许在家庭里孩子或者温顺或者叛逆；在学校里或者是努力学习让老师喜欢的好学生，或者是不务正业让老师不待见的"差生"，但在没有大的冲突的情况下，一般会相安无事，风平浪静，都在正常地上学下学，正常地生活，正常地过每一天。殊不知在这正常的背后是一颗颗年轻的、脆弱的、躁动的、不安分的心，他们贪婪地追逐着时代的潮流，接受着社会各个方面的影响，过去曾让成年人谈虎色变的武侠小说、港台影视、美国大片对孩子们的影响早已不在话下，孩子们只要轻点鼠标，信息、新闻、游戏，正面的、负面的、少儿不宜的等等一古脑袭来，刺激着孩子们的感官，搅动着孩子们的心，而心理上的微妙变化往往被大人们忽视了。我由于当了半辈子的班主任,而且一直被认可为最了解孩子、学生最信任的老师,可是近几年也越来越困惑于与学生的沟通困难。我的儿子曾多次提醒我"现在的孩子在想什么您根本不了解",我也曾暗暗不服气。当有一天在校友录上看到初二的小孩子们称呼我这个50多岁的班主任"老关"时;当班里一个看起来还非常幼稚的小男孩告诉我"喜欢班里一个女生,并因此而无心学习"时;当有人告诉我,看到我们年级两个平时表现不错的男女同学站在马路边上接吻时,我不得不承认了:我们真的并不了解孩子,不了解他们的内心世界,不了解他们的精神需求,不了解他们心理乃至生理上的迅猛发展。作为父母,作为家长,其实和我有着同样的问题。所以我建议家长们,放下长辈的尊严,从了解孩子入手,真正了解了,才能达成相互的谅解,在沟通与交流中求大同存小异,也许会收到家长舒心、孩子满意的效果。

参考我的个案,您也不妨一试。

 **您还没有老师了解我呢**

已经大学毕业走上工作岗位的陈飞经常对他妈妈说的一句话是"你还没有关老师了解我呢"!这句话出自我的一次家访。在陈飞刚上初三时,我去家访,当时他没在家,到外边打篮球去了,我和他妈妈交谈。不一会儿陈飞气喘嘘嘘回来了,一看见我高兴得四脚朝天就躺在我坐的沙发前的地毯上了。妈妈见状觉得特没面子,大声训斥:"你怎么能这么没礼貌,这是老师呀!"我打断

第二章　了解孩子是教育成功的首要条件

他妈妈的话，问还躺在我面前的陈飞："如果是爸爸妈妈的同事，一位阿姨坐在这儿，你会这样吗？"他答："当然不会了。"于是我告诉他妈妈："不要责备，这说明陈飞跟我好，跟我亲近，没把我当外人"。陈飞一边起身一边说："你还不如关老师了解我呢！"从此以后陈飞特别听我的，学习成绩逐步提高，初三毕业超常发挥，考上了重点高中。三年高中，四年大学，始终和我保持着联系，尤其在外地读大学的四年，有了心事，交了女朋友，都首先要告诉我。寒暑假邀请我去他家，为了能够长谈甚至留我住下。他爸爸妈妈经常既欣慰又嫉妒地说："飞飞对关老师比咱们还亲。"我们这段师生情就是从我对孩子的了解开始的。

通过这个案例，使我们更加坚定了这样一个理念：了解孩子就要站在他们的立场去看问题，进行换位思考。这样才能更准确地掌握他们的思想动态，进而引导、指导他们，才会取得好的效果。

 **要把孩子的感受考虑进去**

离异这个词在社会生活中出现的频率越来越高。随着人们观念上的进步，离婚这种行为的公开性、透明性，甚至随意性越来越强，这本无可厚非，用现代人的话说这叫"一人一个活法儿"。为了孩子而维持并不幸福的婚姻确实过于传统，越来越不符合现代人的观念，所以这种做法正在逐渐被摒弃，这不能不说是国人在观念上的一大进步。但是任何事物都有它的两面性，在不幸福的夫妻双方摆脱桎梏开始寻找自己新的幸福时，他（她）们曾经

的爱情结晶——孩子，却一定会不同程度地受到伤害，这种伤害绝不仅仅限于生活上的、感情上的或物质上的，而主要是对孩子心理上的伤害。许多父母无论是在"战争"中离异还是在理智中平和分手，很少真正了解孩子在想什么；无论是在法庭上争抢孩子还是相互推卸自己的抚养责任，都不太顾及孩子的意愿。通过一些具体事件的调查和分析，我发现父母离异对不同年龄段的孩子造成的心理阴影有很大的差异。根据我所接触的孩子，大致可以分成三种情况：10岁以前，尤其是幼儿时期，孩子单纯幼稚，还不十分明白大人的事，一般不会有太多的想法，适应新生活也比较快，心理伤害相对小一些；十七八岁以后孩子接触社会多了，对父母的依赖性小了，事情也就想明白了，你们大人的事爱怎么办就怎么办，不缺我的吃穿，少来烦我就行了，可以自我调节心理上的缺失；而十二三岁到十五六岁这个年龄段的孩子（是我所接触最多的），一旦家庭发生变故，他们的不解、愤怒、苦恼、羞耻、无助……都会形成强大的心理压力，本来处于青春期的孩子心理、情绪就不够稳定，这种事情摊到哪个孩子身上都无异于雪上加霜，说不定就把孩子推到邪路上而毁了孩子的一生（未成年人违法犯罪单亲家庭孩子的比例相当大）。所以这时候的父母如果能做到让自己发热、发昏、发涨的头脑冷却下来，听一听孩子的心里话，考虑一下孩子的感受，也许就会收到柳暗花明又一村的效果。

我曾经的学生刘×，在上初三时一度情绪低落，无心学习。她的异常表现引起了我的注意，于是我找她谈心，她吞吞吐吐地告诉我，爸爸妈妈在闹矛盾。我当时没有把问题想得太严重，开导她一番也就过去了。但没过多久，她又主动找到我（孩子的心

第二章　了解孩子是教育成功的首要条件

里实在是装不下了），详细诉说了爸爸妈妈的矛盾以及自己的想法，听后真让我有一种揪心的痛。原来她父母亲闹矛盾已经有一段时间了，由于父亲爱打麻将经常半夜归家，所以二人的争吵总是在夜里。尽管他们尽量压低声音，尽量不让女儿听见，但实际上孩子连他们离婚的打算已经了解得一清二楚（父母居然以为女儿什么都不知道）。她十分痛苦地告诉我："既然他俩谁也不肯让步，想离就离吧，我也不会阻拦。但我苦恼的是，以后他们都要再成立各自的家庭，而当他们老了，身体不好的时候，我就得分两处去照顾他们。一边是我爸，一边是我妈，我是他们唯一的女儿，哪个都得管，我以后的负担多重啊！"多么早熟的孩子！多么疏忽的父母！我再也坐不住了，打电话给她妈妈，把孩子的想法全盘告诉了她。这位妈妈很难过也很意外，她居然完全没有想到女儿的苦恼，甚至以为女儿还蒙在鼓里，准备在事情临近尾声时再告诉她，只要她选择跟谁一起生活就行了——多么粗心的妈妈。还好的是母亲了解了女儿的心理活动后，增加了几分理智，请求我在刘×父亲在家时去进行一次家访，把孩子的想法及苦恼通过我再向她的父亲传达一次，也给这位父亲点刺激，让女儿的真情成为父母感情的调和剂。我去做了，不但替孩子说出了心里话，还加上了我的一番情真意切的好言相劝。以后，刘×毕业了，顺利参加了中考。据说爸爸妈妈最终也没有分手。

　　这件事已经过去很多年了，但是它可以给人们以启发的是：夫妻矛盾在所难免，夫妻分手无可非议，但有孩子的夫妻，尤其是有正值青春期的孩子的夫妻，一定要提醒自己，你们这时候的家庭角色不仅仅是夫妻，还是父母，无论如何要给孩子一个平等地表达自己思想感情、心理感受的机会，让孩子把心里话说出来。因为出问题的毕竟是父母，不是孩子，让孩子为大人的错误去承受压力和痛苦是极不公平的。试想这个学生如果当时没有找到我作为倾诉对象，没有机会把心中的苦闷释放出来，我就无从插手过问与调解，这对糊涂的父母也就无从了解女儿的真实心理活动，后果很有可能是对孩子造成无法挽回的伤害。据此我诚恳地提醒爸爸妈妈们，你们的感情合与不合，孩子都曾经是你们爱情的结晶，只要对孩子还有爱，就应该听听孩子的心声，把孩子的感受考虑进去。

 ## 爸爸不喜欢我，因为我是女孩儿

"××，到我办公室拿毛巾擦擦手。"这是两个初三女生从厕所出来洗完手后遇上我，我很自然地提醒了她们一句。因为是冬天，我怕她们手皴了。没想到这句话引起了没被我叫到名字的那个女孩儿的不满，在私下里跟同学嘀咕："哼，关老师不喜欢我，叫××去擦手，不叫我。"听到这话我的第一反应是"这个女生挺事儿的"，但因为她是后分到我们班的，我对她了解还不够，于是我主动找到她，向她解释"当时我的本意是让你们俩都去擦手，随口叫了××的名字，让你难过了，老师很抱歉"。说这话时是在校园里，我搂着她的肩膀一边走一边说的，没想到她十分高兴地向同学们炫耀："今天关老师找我谈话时搂着我了！"咦？这位同学的敏感引起了我的注意，潜意识中她似乎在渴望着什么。

第二章 了解孩子是教育成功的首要条件

不久，我邀请学生们到我家里玩儿。由于我是老三届，在山西插队多年，1991年才返回北京，借住哥哥的房子，所以家居十分简陋，水泥地面，旧家具，连沙发都没有，孩子们来了都坐在床边。我有意识地和这位"敏感"女孩儿挨坐在一起，手下意识地抚摸着她的腿。一离开我家，她就喜形于色地问同学们："你们看到了吗？关老师说话时老摸着我。"兴奋之情溢于言表。反馈到我这儿以后，我意识到她在渴望一种关爱，一种亲情。同学们也反映她的爸爸妈妈对她似乎不够好。这引起了我的疑惑，她也是独生子女啊！于是我决定去她家进行家访。她听到我这个决定，整整一天都处在兴奋之中，一直到下午下班后，她骑自行车陪我前往她家。路上她的一番话让我至今记忆犹新："关老师，您到我们家要有个心理准备，我们家装修得特别豪华，但没有温暖；我特愿意去您家，您家虽然简陋，但特温馨。"孩子的一番话让我心中隐隐作痛。到她家一看，果然如孩子所说，装修十分豪华，在当时来说绝对是高档次的。妈妈一看就是个直爽干练的家庭主妇，谈话中说到对孩子的管教，她不无得意地表示：她很小就失去父母，她是家里的老大，弟弟妹妹都是她一手拉扯大，一手培养出来的，形成了十分严厉的管教方法和手段，很有权威性，在孩子面前绝对说一不二。她还举例说明："饭桌上孩子一念叨今天班里或者学校里发生的事，我就会命令她住嘴，吃饭就是吃饭，没人愿听你们那些破事！"甚至对这唯一的女儿还施用打、骂、拧的管教手段，真是令人不可思议。而更令人费解的是这位身为军人的父亲，一脸严肃地向我"控诉"自己女儿的不懂事："她姨家有个小弟弟，每次来我只要和孩子亲热，或抱一抱，或亲亲脸蛋儿，她就会不高兴，把孩子抢到自己的房间，对人家孩子乱发脾气。"这位糊涂的父亲怎么就不明白您女儿这种举动的潜台词呢？显然她是在嫉妒，她所渴望的父爱您无私地送给了小表弟，而对她却只是一味的苛求，她很自然地就产生了"爸爸不喜欢我，因为我是女孩儿"的想法，这能怪孩子吗？当我剖析了孩子的心理后，她妈妈回忆说："怪不得，家里有一只大绒毛玩具猴子，我有时抱一抱，拍一拍，她立即给抢过去扔到一边。"也就在此时，我完全了解了她为什么那么在意老师搂一搂她的肩膀，拍一拍她的腿，因为从小到大，严厉的母亲、刻板的父亲给予她的关爱相对少了一些，或者说爱的方式有缺憾，使得孩子已经产生了"没有温暖"、"不被喜欢"的心理障碍。

　　这次家访对她的父母有所触动，尤其是母亲十分坦率地承认过去忽略了孩子的内心感受，以后一定会加以改进。没过几天，这个女生十分欣喜地向年级组长、语文陆老师说："您看我最近胖了吗？我妈给我订牛奶了，昨天还给我买了草莓。"陆老师转告我后，我知道她还会把这"喜讯"亲自来向我报告的。果然不出所料，没过两节课，她就喜滋滋把那一番话向我重复了一遍。我心中酸酸的，孩子多么容易满足啊，对于90年代的独生子女来说，一袋奶、一盒草莓又算得了什么，可以说孩子并不缺这口吃，她的家庭也不缺这份钱，孩子欣喜的是爸爸妈妈终于听到了自己的心声，了解了自己的想法，满足了自己渴望得到的爱。

　　以上几个案例的典型特点都是父母不够了解自己的孩子，不知道生活在自己身边的孩子在想什么，不清楚孩子在心理上和精神上的需求是什么。连起码的了解都没有，怎么可能达到理解的境界呢？

高明的家长会倾听

正值青春期前后的孩子最怕也最烦家长的唠叨。

我对初一年级两个班近100名学生做了问卷调查，感觉家里爸爸妈妈（主要是妈妈）爱唠叨的居然占了95%以上。孩子们为此而叫苦连天，恨不能让我组织一次对"唠叨妈妈"的控诉和声讨会。问到他们"面对唠叨的应对办法是什么"，他们的回答基本是"装听不见"，"不理她，让她唠叨够了"，"她说她的，我干我的"，"说急了就顶撞几句"。而据我所知，如果是初二、初三的孩子就极有可能因此而与家长发生正面冲突，甚至于出现更为严重的后果。显然妈妈们的唠叨根本达不到自己的预期效果。一般来说唠叨完了的效果无非是，一痛快痛快嘴，二孩子或不理会或顶撞而惹一肚子气，三拉大了与孩子之间情感交流上的距离。而这后果三是对孩子的成长最为不利的。它阻塞了孩子与家长交流的通道，封闭了孩子的心扉，堵住了孩子的嘴。

有人会说，你这可有点儿危言耸听，哪会有这么严重？我敢负责任地说，有！我在本章开头引用《孩子的真心话说给谁听》里的一段调查不就证实了吗？——"9成的孩子不愿把心里话跟父母说"。而这九成的孩子基本都集中在12~18岁这个年龄段，也就是生理上的青春期，心理上的断乳期。这恰恰是一个最有想法而又很不成熟的时期，最爱发表看法而看法又不容易准确的时期，最希望有人倾听、有人理解、有人解惑的时期。可是我们的家长们却十分专横地把"说"的权利留给了自己，说自己的苦心，说自己的希望，说自己的要求；说自己孩子的缺点，说别人孩子的优点；说孩子该想什么不该想什么，该做什么不该做什么；说、说、说……说多了就是孩子们听腻了的"唠叨"，而孩子们只有当听众的资格。他们也有一肚子的话无处倾诉，还自我解嘲为"没办法，青春期遇上了更年期"。我认为这不但表达了孩子的一种无奈，也体现了孩子们对家长的一种宽容。

  我接触过的许多家长也表示，我知道我唠叨的太多了，也知道孩子烦我的唠叨，我已经在尽量克制了。但我不说他，他就能好吗？我建议家长首先要调整好自己的心态。第一，孩子与您形成代沟，产生隔阂，甚至不听您的，除外界大环境的影响外，是您对孩子的教育不利造成的，您是矛盾的主要方面。中央电视台《读书时间》某一期节目里，一对父子的对话发人深省。父亲形容儿子"你没偷东西也像个贼似的"，儿子反唇相讥"这个问题应该问一问您自己，我为什么会这样"？显然这是他父亲教育不当的结果。所以每一位家长都应该反思、反省自己的教育方法。第二，矛盾已经出现，问题已经形成，不要期待立竿见影的效果，那是不符合教育规律的。第三，不要把放弃唠叨当做一种妥协，当做一种委屈，相反地，说明您开始变聪明了，不再劳心费神地做无用功了。当您把心态放平和了，想通了，没有了您的唠叨天绝对塌不下来，孩子的好坏绝不取决于您的唠叨，下一步我要给您支的重要一招就是——倾听。

  经过多年摸索，我得出一个结论：只要孩子把内心的真实想法说出来，就没有解决不了的问题，就没有什么可怕的事，就会避免出现更严重的后果。因为"说"是一种释放，释放出来（哪怕不是全部）就会减轻心灵上的"郁结"。医学上不是有这么一种说法：这个病该发烧要让它烧出来，不能用药强压下去。情同此理，孩子的心病硬压是压不下去的。既然家长能用不停的唠叨来释放自己心中的不快、不满，为什么不能公平一些，把说、倾诉、发泄的机会多给孩子一些呢？**我相信，没有心病的孩子绝无大错！**青少年中越来越频繁出现的自杀、杀人、强奸……等等案例，这些案例的主人公几乎都存在着心理障碍。

当然，让孩子把自己内心深处的东西，尤其是自己认为见不得人的东西说出来，前提必须是有人倾听。有人耐心而主动地倾听，有让孩子信得过的人倾听。有很多家长求助于心理老师或心理医生。其实在我看来爸爸妈妈、家里的亲人如果能成为孩子心里话的忠实听众，能及时了解孩子的心理动态，那孩子会少走许多弯路，会平安度过青春期，那才是孩子的幸运！所以我说，高明的家长会倾听。

我所接触的孩子特别愿意把心中的秘密告诉我。我想一来我懂点儿心理学，二来也是最重要的，是我长期与孩子们在一起，懂孩子们的心。一个刚上初三的小男孩，给老师和同学们的感觉是特别幼稚单纯，似乎心理年龄偏小，可就是他，有一天追着我说："您不是老说我学习不专心吗？我今天就把实话告诉您。"一开始我根本不以为然，正好有别的事就给岔过去了，没想到中午一吃完饭他又来了，一股非谈不可的架势，而且提出来不能在教室也不能在办公室，得找个没人的地方。于是我们来到走廊尽头的窗户前，他扭扭捏捏吞吞吐吐地告诉我，他喜欢班里的某个女生了，问我该怎么办，而且一再叮嘱我别告诉他爸爸妈妈。我听后心里暗暗吃惊，但表面上十分平静。"祝贺你，你真的在长大了。而且还很有眼光，×××确实是个不错的女孩，不但你喜欢她，我也喜欢她，咱们全班的男生差不多都喜欢她，但是……"经过一番十分轻松的交谈，他很快就把这事放下了。其实这件事在他心里已经"闹腾"好些日子了，家长已经发现了他的不对劲儿，如果能早一点向家长说出来，不是一种很好的解脱吗？再试想如果他连我这个听众都没有，时间长了又可能是什么后果呢？

我在给初二男生上青春期性健康课时用了报纸上的一个例子：湖南长沙某农村初中男生××学习一贯不错，一心想考毛主席曾经就读的湖南长沙第一师范，但不幸染上了手淫的毛病，并且深陷其中不能自拔，既无法控制青春期那强烈的欲望，又十分内疚、自责，有一种罪恶感，更羞于向外人袒露自己的心病及痛苦。在日复一日的煎熬中成绩明显下滑，无知的孩子为了彻底根除自己的"邪念"，于是到集市上买了一把尖刀毅然割掉了自己的生殖器。当家人把血淋淋的孩子送到医院时，一切都晚了，造成了终身残疾。此时他才把心里话说出来："我不是想死，就是想彻底改掉这坏毛病。"

悲剧发生后引起了许多人的思考，思考的内容也很丰富。例如：今天孩子的生理发育之迅速必须引起足够的重视，青春期心理健康教育的重要性，性生理与性心理的协调发展，青春期性健康教育的滞后……这一个个问题的提出确实很有必要，但我总以为这些较深层次的问题是专职的专家学者，或从事教育研究、心理研究的人士应该去讨论和探究的。对于广大的家长、一线的老师，没受过多少教育、没有专业知识的成年人来说，**我们最应该反思的是：我们给了孩子多少说话的机会？孩子的心里话为什么不能**

第二章　了解孩子是教育成功的首要条件

向他们最亲的亲人倾诉？不能倾听孩子心中的呐喊是不是我们最大的失职？我们不妨试想一下，湖南这位憧憬着美好理想的少年，在青春期到来之际，在躁动不安的心理刚刚"误入歧途"时，能够及时找到一位倾诉对象，把自己的秘密、自己的困惑、自己的苦恼通通说出来，本身就起到了减压的效果，如果能够在一吐为快的同时再得到些许的安慰、正确的引导，如此残酷的悲剧或许就不会发生。鉴于此，我立即在我校青春期性健康课堂上给男孩子们创造了一个"说出你的秘密"的机会。结果近100名男孩子中有50%的人用写字条的形式告诉我已经有过遗精（但家长了解的却不足30%）。于是我针对这一问题从生理上、心理上、行为上进行了指导，孩子们以十分积极的态度接受了这一教育。

高明的家长会倾听。反过来说，有机会倾听孩子的心声，也是家长的幸运。因为它说明了孩子对您的信任，而让孩子信任的家长一定是高明的、合格的家长。

试一试，控制住您的唠叨，把说变为听：

听到孩子学习进步了——

听到孩子为集体出力了——

听到孩子和同学闹矛盾了——

听到孩子对社会阴暗面的反应——

听到孩子违反学校纪律——

听到孩子对某位老师的不满——

听到老师处理问题的不公平——

听到孩子喜欢哪位异性——

听到孩子来月经或遗精——

听到孩子偷拿了别人的东西——

听到孩子说自己偷着抽了烟——

听到孩子说自己进网吧了——

甚至听到孩子说自己做了让家长感到难堪的事——

……

只要孩子把自己的所想、所说、所做告诉了您，无论令您多么高兴，多么骄傲，多么引以为自豪；也无论让您多么生气，多么难堪，多么觉得没面子，家长都要很好地控制自己的情绪，三思而后行。做到既不喜形于色，又不暴跳如雷，冷静地倾听，平等充分地讨论，细致地分析原因、结果、利与害，心平气和地协商解决办法和制定新的行为目标，让孩子与家长在平等、冷静地对话中体会亲情，感受关爱，自我反省。只有这样才能真正让孩子下定纠正错误、痛改前非的决心，因为内疚感是修正自己的最好动力。

不是有句话讲"年轻人犯错误上帝都会原谅的"吗？作为孩子，不犯错误是不可能的。尤其处于青春期阶段的孩子，自认为成熟却还很稚嫩，有一定独立性却保留着依赖性，生理发育迅速而心理发育却不够完善。这矛盾的成长过程更是多事之秋，逆反、闭锁、任性、厌学、早恋、甚至性冲动等等一系列问题在不同的孩子身上以不同的方式表现出来，搞得家长唉声叹气，焦头烂额，束手无策。但是即使如此，也没有一位家长想把自己不称心如意的孩子置于死地，也就是说孩子犯了多大的错，家长最终都是能够原谅的。我就见过许多这样的案例：孩子犯错，家长管教，双方僵持不下时，孩子悄然离家出走，这下家长可就六神无主了，四处寻找，发寻人启事，甚至求助报纸电视等媒体，而且这时候对孩子说的话都言词恳切，情意浓浓，让人看后都不免发出"可怜天下父母心"的感叹。而一旦孩子回到身边，家长又会喜极而泣，嘘寒问暖，百般疼爱，而且不再指责孩子的过错，一再地反省自己，反省自己不了解孩子，反省自己教育方法不当，反省自己对孩子要求过高……总而言之都是家长的错！当局者迷，旁观者清。作为旁观者，我要提醒家长们的是：孩子有错是事实，是客观的，是正常的，作为家长不能以错制错，错上加错必将铸成大错，甚至两败俱伤。所以在教育孩子问题上尽量不要"亡羊补牢"，而是"防患于未然"。

高明家长的做法是："引诱"孩子诉说——家长耐心倾听——了解孩子内心的真实想法——用理解和理智去面对，一定会增加化险为夷的几率。

这就要求家长能够放下架子，以平等的姿态与孩子交流。此时，不要把他们当做孩子看待，因为这一时期的孩子已经开始形成自己的人生观、价值观，对各种问题都有了独立思考的意识。尽管还不够成熟，但已不太愿意接受强行的灌输、说教，而是开始相信自己的眼睛。你把他们当作成人一样进行沟通，他们会觉得受到尊重。反过来，他也会尊重你。

结束语

鲁迅先生在一篇题为《我们现在怎样做父亲》的杂文中分析父子关系时写道：

开宗第一，便是理解。往昔的欧人对于孩子的误解，是以为成人的预备；中国人的误解，是以为缩小的成人。直到近来，经过许多学者的研究，才知道孩子的世界，与成人截然不同；倘不先行理解，一味蛮做，便大碍于孩子的发达。……第二，便是指导。时势既有改变，生活也必须进化；所以后起的人物，一定优异于前，绝不能用同一模型，无理嵌定。长者须是指导者协商者，却不该是命令者。

先生的这篇杂文早几年也曾读过，但一目十行，一带而过，不曾细细地品味，当今天致力于家庭教育的研究，再一次拜读时，不禁拍案叫绝！这是鲁迅先生完成于1919年10月的一篇短文，距今已有80多年了，但文中的教育思想、教育观念之时尚，令我们今天的许多父母汗颜。80多年前鲁迅先生就告诉我们"孩子的世界与成人截然不同"，告诫我们"长者须是指导者协商者，却不该是命令者"，字里行间都体现着他民主、平等的主流思想，这正是今天的孩子所渴望的。家长们，照鲁迅先生的话去做——做孩子的指导者和协商者，"更年期"的帽子就不会戴在您的头上了。

最后还是把鲁迅先生的第三个观点奉献给家长，作为本章的结束语吧：

第三，便是解放。子女是即我非我的人，但既已分立，也便是人类中的人。因为即我，所以更应该尽教育的义务，交给他们自立的能力；因为非我，所以也应同时解放，全部为他们自己所有，成为一个独立的人。

第三章

非智力因素是孩子成功的重要条件

> 播下一个行动，收获一种习惯；播下一种习惯，收获一种性格；播下一种性格，收获一种命运。
>
> ——［美］拿破仑·希尔

第三章 非智力因素是孩子成功的重要条件

播下一个行动，收获一种习惯；播下一种习惯，收获一种性格；播下一种性格，收获一种命运。

——［美］拿破仑·希尔

我对学生说："坐着时把背直起来，要不该驼背了。"学生答："我习惯了。"

我对学生说："写字时眼睛离书本远一点，否则该近视了。"学生答："我习惯了。"

我对儿子说："不要把报纸拿到地铁里去看，车在晃动，对眼睛不好。"儿子答："我习惯了。"

儿子对我说："妈你晚上早点睡，别一耗就是十一二点。"我说："我习惯了。"

……

"习惯"这两个字人人熟悉，人人会用，如果从字意上来解释一下，我找到了两种版本。1989年版的《辞海》上说："由于重复或多次练习而巩固下来的变为需要的行动方式。"《现代汉语词典》上写的是："在长时期里逐渐变成的，一时不容易改变的行动、倾向或社会时尚。"两种解释虽略有不同，但基本涵义是一致的，对于个人来讲就是一种行为，而这种行为是"多次重复，逐渐养成的"，且"一时不容易改变"。也就是说人们往往在固守着自己的习惯，而固守的一个重要原因就是人们普遍把习惯看做"小事一桩"。随地吐痰，足球场上的京骂，不分场合地嚼口香糖，随意打断别人讲话，乱丢垃圾，赤膊乘公交车，手指蘸着口水翻书……哎呀！不敢再往下例数了，咱们日常生活中的不良习惯太多了，但似乎都是些不经意间的小事，殊不知在人类文明高度发达的今天，这些"小事"却带来了不小的负面影响。据说，在意大利某国际机场，专门贴有中文提示：请不要随地吐痰。稍有民族自尊心的国人都会感觉脸红，甚至认为这是对咱们中国人的侮辱，可是这份侮辱不是咱们用自己的的行动换取来的吗？一口痰就能让我们丢了国格，这事还不小吗？

我周围的朋友、同事、学生都知道我是个球迷，其实我是在中国足球甲级联赛开始之际，为了能与孩子们有共同语言而"逼"着自己去学看足球的。1998年北京国安队在工体主场的比赛我几乎场场不落，在逐渐懂得了基本阵型，知道了什么是角球、点球、任意球，明白了什么是越位的同时，我感受到了看球的乐趣，增加了一项业余爱好，丰富了自己的生活，但是也增添了一份北京人的羞耻感，那就是球场上屡教不改的"京骂"。一部分北京球迷的习惯用语——两个不相干的字被组合在一起，用来宣泄不满，用来伤害别人，不以为耻，反以为荣，甚至有人就大言不惭地说："习惯了，没办法。"鉴于此，我真的为2008年的北京奥运会揪一份心，这种习惯不根除，可是会给咱北京，给咱中国脸上抹黑呀！

第三章　非智力因素是孩子成功的重要条件

2002年《北京青年报》曾报道"天安门曾清理出了60万块口香糖残渣，为此花费了大量的人力、物力、财力"。围绕这种不文明行为，我组织全班同学进行了一次讨论。大家一致认为，对于每一个人来说，随地吐口香糖就是一种不良的个人习惯，但这种不良习惯到了"成灾"的地步，反映的就是我们整个社会的文明程度了。其实说起来中国人嚼口香糖不是什么历史悠久的事，刚嚼了这么几年就养成了随地乱吐的坏习惯，而且绝大多数人都是在明知故犯，是我们的文明教育不够及时呢，还是这些人的劣根性使然？总之，不良习惯暴露了我们人文素质方面的缺憾。

看来个人习惯对国家、对社会都会产生不可小视的影响。道理也很简单，构成社会的基本元素就是个体的人，而个人行为才构筑了社会风气、社会道德以及社会评价标准。那么个人习惯，尤其是今天青少年的个人习惯与他们的成长、前途乃至命运有什么关系吗？我特别赞同专家们的观点：行为培养习惯，习惯养成性格，性格决定命运。

行为习惯是非智力因素的重要组成部分

据我观察，今天的父母望子成龙心切者多，都希望自己的孩子能够出类拔萃，成为第二个、第三个哈佛女孩刘亦婷。形成这种心态当然有多方面主客观的原因，而我却从中发现了一个重要的前提，那就是家长们普遍认为自己的孩子不笨、聪明、反应快、脑子好使。不信你留心观察，家有小儿，从呀呀学语时家长们就会"发现"并炫耀"我们家孩子特聪明，这么小他都会……"于是举出一个又一个让父母引以为自豪的"故事";爷爷奶奶这一辈儿的老年人就更不用说了,比起当年自己带过的孩子,那真是聪明得让老人惊讶;一旦把孩子带到邻居面前或同事中间,听到的一定是一片恭维声:"真聪明、真机灵、真漂亮、真可爱……"当孩子送幼儿园、上小学、上初中时,家长向老师介绍自己的孩子,极少听到"我这孩子反应比较慢",基本都是"他挺聪明的","脑子特活"等。我在连续几年接待初一新生家长时,就常常听到这样的话:"脑子真好使,就是不用功","小学老师都夸他聪明,就是不正经玩活儿","学习一点儿都不吃力,就是太粗心"。您听出来了吧,这些家长的潜台词是:孩子智力好,但学习成绩并不好。寄希望于老师,把孩子的聪明才智充分调动出来,让学习成绩与孩子的"优等智力"相匹配,以完成父母望子成龙的心愿。

但是,在多年的教育教学实践中,我却不得不承认,学校和老师有时真的无法帮助家长完成他们的心愿,聪明反被聪明误的孩子真的是太多了。以我今年刚刚送走的毕业班为例,全班49人,都是每年花1万3千元学费的高价学生,家长当初肯花近4万元让孩子去完成三年初中学业,肯定是对孩子寄予了莫大的希望。三年来,老师们真是呕心沥血,竭尽全力了,对这些孩子给予了无私的爱。中考后有7名同学可能达不到北京市普通高中录取分数线,但是这7个人中只有一位同学属于智力上稍有欠缺,其他6名哪个也不笨,尤其是考了299分、327分、386分的三个男生(中考总分570,普高在400分左右),无论家长、老师、同学都会对他们的聪明给予肯定,那么这个结果是怎么造成的呢?这就必须说一说非智力因素在孩子成长中的作用了。

第三章 非智力因素是孩子成功的重要条件

所谓聪明，用今天比较流行的术语来说就是智商高，或者再客观点说就是智商不低。那么有着良好智力因素的一批孩子，在"学习"这种智力活动中为什么会败下阵来呢？这就是今天的许多专家学者越来越关注，并正在研究和探讨的"非智力因素在青少年成长过程中的作用"。阴国恩、李洪玉等编著的《非智力因素及其培养》一书，无论从理论上还是从调查数据上，都对非智力因素与学习效果做了科学的阐述。其中有一列表《不同智力因素水平与非智力因素水平者高考成绩比较》，在用一系列数字论证了非智力因素对学习成绩的影响后，又特别推举一例："有两个智商同为136（属高智商）而非智力因素不同的考生，非智力因素优秀者成绩高达500分，远远超过录取分数线；非智力因素不良者只考了355分，未达到录取分数线。一个智商为104（属中等智商）的考生，由于非智力因素优秀，高考成绩达491分，超过智商高达128和130的考生，在被调查的文科考生中名列第二。"我不是专家，也没有对这一专题进行专门研究，不太了解目前对非智力因素考核的量化标准（因为智商已经可以量化），但是从我近30年教育教学活动的感性认识中，我有理由相信这些数字的可靠性和科学性。对于非智力因素的理论、内涵、功能及其实践意义，我虽然感兴趣，但一知半解，不敢妄言。可我相信非智力因素所包含的基本内容中的每一项——动机、兴趣、情感、意志、气质、性格等都对一个人的智力活动起着制约作用。当我今天再回过头来分析这几个学生学业上不成功的根源时，我越来越明确地意识到他们败就败在习惯、兴趣、意志、性格等非智力因素上。所以我特别想提醒家长们的是：孩子的习惯与性格是非智力因素的重要组成部分，对孩子的成长、前途乃至命运有着至关重要的作用，绝不可以小视。

 ## 看书的习惯成就了我的儿子

我在本书的前言部分曾经自我标榜为"成功的老师和成功的母亲"。作为老师的成功，我有着数量众多的学生、家长、同行以及学校领导可以为证；作为母亲的成功，却只有一个儿子成为最直接的佐证。我的儿子并不出类拔萃，也不是多么优秀的人才，更没有哈佛女孩刘亦婷那么多可以炫耀的资本。但是作为一个一直生活在我身边，我一手拉扯大并培养出来的孩子，我教会了他做人，教会了他做事，尤其是我培养了他爱读书的习惯，今天已经受益，而且必将受益终生。

我的儿子王晓萌，毕业于中国人民大学哲学系，现供职于某外资广告公司。凭借他的知识、文笔及口才，事业上可以说一路顺风。他的知识功底和写作能力均源自于他从小养成的爱书、读书、以书为友的良好习惯，而我正是他读书的启蒙者。

我是原北京女三中赴山西插队的知青，1972年后留在了山西省大同市。儿子1977年出生时无论是家庭条件还是当时周围的环境和氛围，都不是太理想。身为老师的我深信"知识改变命运"的道理，所以尽管经济条件有限，但在文化生活上我绝不亏待孩子。从儿子一岁多开始，我为他订的第一本杂志是《看图说话》。书中的每一幅画面，每一个故事，我都会不厌其烦地讲给他听。以后

第三章 非智力因素是孩子成功的重要条件

又相继订了《中国儿童》《小朋友》，里面的每一首歌谣他都要背下来；当时没有今天这样好的条件，爷爷用白纸裁成小方块，用毛笔写上字，自制识字卡片教他认；上下两册的《365夜》成为每天睡觉前的必读书，而且奇怪的是他居然百听不厌，每一个故事都听了无数遍，直到把两本书都翻烂了；上小学开始订了《中国少年报》《儿童文学》，买的课外读物更是不计其数。让我倍感欣慰的是，所有的报刊杂志、书籍到他手里一点儿都没糟贱、不浪费，他都会认真去看、去读，而且倍加爱护和珍惜。记得在他四岁时发生过这样一段小故事：当时幼儿园发生了传染性肝炎，不得已只好临时找了一个阿姨家照看他。每天早晨送他时他必须要选几本书带上，天天如此。阿姨总是夸赞他"小萌萌真乖，没事就自己看书"。忽然有一天我去接他时，阿姨十分紧张地告诉我："今天可不得了了，萌萌大发脾气，姐姐不小心把一本《中国儿童》封面撕了个大口子，他不依不饶，用糨糊粘不行，用胶布贴也不行，就是得赔他新书。"这孩子从小很懂事，从不乱发脾气，这次可真是动了他的最爱，动了他的心。最后我以再给他买一本新书作为赔偿，事情才算了结。

小学三年级开始写作文，在我的启发和辅导下，他不但不像其他孩子们那样一说写作文就发怵，而且写作的欲望很强烈，经常自己编故事写。我带他去大连看海，回来写了一篇《老虎滩游记》，令我十分诧异的是，我们俩同游，他怎么了解了那么些有关老虎滩的传说，而我却没有注意到。他说："妈妈你真傻，门票背面有详细介绍你都不看。"他已经学会搜集写作素材了。五年级时，他参加北京的《儿童文学》征文活动，写了13页稿纸的《海底漫游记》，用孩子的眼光、孩子的口吻、孩子的笔触把海底生物人性化，描写得活灵活现。寄给编辑部后编辑为他修改，对他进行指导。春天，外面下起了小雨，他坐在小板凳上，眼睛看着窗外，一副若有所思的样子。一会儿工夫，一首稚嫩的小诗《春雨》从他笔尖流淌出来。以后上初中、高中、大学写作文、论文对他来说都不是什么难事。

1991年孩子上初二时，我们全家调回北京，更开阔了他的视野，扩大了他的读书范围，除了订《学与玩》、《少男少女》、《演讲与口才》等杂志外，买书更成为一大乐事。每一年的春季和秋季书市，我们母子都会结伴而去，他选他的，我挑我的，或小有收获，或满载而归，我们娘俩绝不虚此行。而买回书后我有时也顾不上看，就放到了一边，儿子却不肯让书闲置，直到今天，经常看到他坐在床上，伴着床头灯夜读。这时候我往往感慨：儿子那一肚子的"词儿"就是这么来的。

说起他今天的工作，我常用"歪打正着"来形容。因为他当时以555分考进中国人民大学时报的是法律系，可是1996年中国人民大学法律系的录取分数是历年来最高的，他被调剂到了哲学系。从那一天起我就暗暗发愁，学哲学今后干什么呢？四年大学毕业他仍不甘心，又报考了法律硕士研究生。由于种种难以说清的原因（绝非单纯成绩问题），孩子落榜了。我还没有从郁闷中走出来呢，他却毅然在网上投递简历，参加某广告公司面试一次成功，从此进入广告界。三年来，孩子用他敏捷的思维，广博的知识，流畅的文笔在耕耘，也在收获。翻回头来细想，四年大学生活，不仅让他在书中汲取了大量的营养，而且丰富的哲学思想又给他增添了几分智慧。

儿子不愿我在书中写他的成长过程、成长经历，但是我说我必须写，因为我写的不是他，而是在写我自己的成功经验，成功之处就在于我培养了孩子从小读书、爱书的好习惯，为他的成长和成功做了一个很好的铺垫，我为此而自豪！

 ## 不良习惯埋没了高智商

我这里要说的是我刚刚送毕业的几个学生。可以说他们给我留下了遗憾，给我的心中留下了一处痛点。

安然，是初一下半学期从其他学校转学过来的。分到我所带班级之前，他曾经的小学同学先给我打预防针："关老师，他来咱们班可糟透了，他上课特能闹，老师根本管不了他。"得到这样的信息，我赶快跑到教务处亲自考察一下：好可爱的一个小男孩儿，白白胖胖，圆头圆脑，见人就笑，那种聪明、智慧都写在了脸上；考试的结果也不错，尤其数学成绩很突出。我毫不犹豫地收下了这名学生。当时也确实存有一份私心，收个学习好的，能提高班里整体学习成绩。两年半的时间转眼过去了。事实证明，他的确很聪明，如果测测智商他肯定属于高智商范围的，所有任课老师，周围同学也都认可这一点。他思维敏捷，做题速度快，经常名列前茅，家长和老师对他的期望值也很高。我在他初二结束时给他写的评语是："你是个极聪明的孩子，知道老师和同学们都很喜欢你。但是你想过没有，你最服众的不是你白白胖胖的笑脸，更不

是恶作剧时的坏模样，而是你还不错的学习成绩。稍不留神，一旦掉下来，你的人缘儿可就丢了。何况离我对你的要求还有一段距离呢，努力吧！"

初三第一学期结束，为了激励他，我又精心为他设计了这样一份评语（做成录取通知书状）：

> 姓　　名　安然
> 政治面貌　共青团员（此时他还未入团）
> 录取学校　北京四中　　　北大附中　　　人大附中
> 希望不要让我失望哦！

这两个学期的两份鉴定可以见证我的良苦用心吧。

中考分数下来了，480分，连最低档的区重点高中都没戏。所有老师都诧异，所有同学都感到意外，我反而能坦然接受这个事实，而且认为在情理之中，说难听点儿也叫咎由自取，因为这个孩子的不良习惯让我伤透了脑筋。他在非智力因素方面的缺憾严重制约了他良好的智力条件，我使出浑身解数也没有把他纠正过来，遭遇了我从教近30年很少有的失败。列举一二，您就会相信他得这个分数一点也不冤。

不良习惯一：上课不听讲。正像他小学同学介绍的那样，"上课闹腾"。小学闹腾了六年，上中学了仍一如既往，老师讲新知识还能听几分钟，只要他听懂了，就开始接话茬、闹笑话，由此还曾激起同学及家长们的公愤。我这个被同事们公认管理学生"招儿"最多的班主任也束手无策，学校两位主管校长亲自出马也无济于事。再加上妈妈片面地认为"老师讲得太容易了"，同意孩子"数学课不听老师讲可以做自己的事"，于是导致孩子在基础知识方面漏洞百出。不良习惯二：不爱读书。爸爸妈妈都是知识分子，家里藏书也不少，但从小没有养成读书的习惯，连语文课本都懒得看，作文水平完全不像读初三的学生，语文成绩一直偏差，中考120分满分，他只考了87分，相当于一个中等偏下学生的成绩，大大影响了中考总成绩。不良习惯三：考场上从不认真检查。由于他头脑反应确实比较快，在大大小小的考试中，尤其是理科，他做题的时间要比大多数同学少用起码半个小时，如果他能够充分利用这个时间对所做答案进行认真地审视和检查，一定能发现问题，使答案更准确、更完善，从而取得更好的成绩。然而他没有这样的好习惯，只要一做完，就把试卷往旁边一推或一扣，东张西望，无所事事，看没人理他就闹出各种动静来。可是分数一出来准傻眼，他丢的分、错的题往往都是最简单的，大多数同学都不错的。

就这三种坏习惯，对于学习成绩来说，哪一个都是致命的。显然这个学生中考成绩不理想，是非智力因素作用的结果，是从小养成的不良习惯埋没了他的高智商。他毕竟是我的学生，是我曾经十分喜欢的学生，是我满怀期望的学生，我无意贬低他，谨希望他升入高中后纠正自身的坏习惯，调整自己在意志、情感、品格、态度等各方面的非智力因素，充分调动和发掘智力上的优势，让二者协调发展，完美结合，成才——没问题！

虽然说目前全社会对素质教育的呼声甚高，但时至今日，只能说我们仍然处在应试教育向素质教育的转型期。有些老师发牢骚说：素质教育是形式，应试教育是实质；素质教育是皮儿，应试教育是馅儿。虽然这种说法不是很准确，但是有中高考制约，老师、学生、家长不得不围着成绩转，分数和排名在孩子成长过程中并没有淡出。刚刚结束的中考，分数偏低的学生就有可能因为没有学上而沦为社会青年。虽然近几年出了几个中途辍学，或不读大学的少年作家，但那只是个别，是特例，就像不能人人都当陈景润一样。今天的家长过分看重分数固然不对，不关心孩子的学习成绩也不现实。因此我认为，家长目前十分有必要补上这一课：认识到提高孩子学习成绩的两大决定性因素——智力因素与非智力因素，尤其是非智力因素在孩子学习活动中的作用。而非智力因素中所包含的每一个成分，都是家长可以帮助孩子去逐步培养的。

看看下面这些格言或者名言，它们道出了非智力因素的重要作用：

虚心使人进步，骄傲使人落后

勤能补拙

敢拼才能赢

信念能开拓胜利之路

小胜靠智，大胜靠德

态度决定一切

这其中的"虚心与骄傲"、"勤"、"拼"、"信念"、"德"、"态度"不都是非智力因素所含有的成分吗？

习惯、性格与命运

要说今天的家长可是真够累的。先不说在事业上的拼搏，在商场上的竞争，就是在自身的学业上，都四五十岁的人了，也个

第三章 非智力因素是孩子成功的重要条件

个不甘落后。在我接触的众多家长中，有着学士、硕士乃至博士学位的人逐年增多，而没有达到这么高层次的家长们，已经过了而立之年仍在孜孜不倦地追求着更高的目标，进修专科的、专科续本的、学英语的、考计算机的、考会计师证的……真的是很不容易。而往往是家长越要强，对孩子的学习态度、吃苦精神、学习效果越不满意，于是我经常听到家长们如出一辙的抱怨："我都这岁数了还学呢，他怎么就不懂得学呢？"于是为了让孩子能"懂得学"，家长们绞尽脑汁为他们创造最好的学习环境和学习条件，择校，请家教，上各类辅导班或提高班。当然这些都要以家长拼命挣钱，有一定的经济实力作为物质保障。如此这般，家长能不累吗？但我却以为，家长们累固然值得同情，而累了半天不见效果却是可悲了。问题的症结何在？抛开太多的社会因素不说，单从家长的角度来看，我认为家长们累得不是地方，换句话说，没有抓住家庭教育的要点——从培养孩子的良好习惯入手，忽视了孩子的非智力因素的开发和培养。家长们一味地从自己的主观愿望出发，急于求成，甚至拔苗助长，不但收不到预期的效果，甚至影响到孩子的性格、前途与命运。就在我写这段文字的当天（2004年7月24日）中央电视台《艺术人生》节目嘉宾——作家张贤亮在回答主持人朱军提问"为什么能够既成为著名作家，又成为成功商人"时，说了一句话，我当即就找纸笔记录了下来，他说："性格决定命运，这句话太唯物了。"——这可是一位成功人士的深刻体会啊！

 疯狂的"神童计划"

这是《现代家庭报》第1006期《家教》版的一篇自述文章。作者是怀着反省与悔恨的心情写下的。我先摘录文章的一小段,了解一下作者的教子初衷:"1995年,43岁再婚的我有了一个漂亮的儿子。想着自己碌碌无为的一生,我心中暗暗发誓,一定要把儿子培养成才。"随后这位父亲就开始实施自己的"育才"计划:襁褓中就给他朗诵诗歌、读英语、念数字,灌输各种知识;3岁时开始教小学课程,每天6点被叫醒,1个小时早读,8点半正式上课,晚上请了一位大学生教英语;同时还将孩子送到少年宫学习书法和绘画。在这期间父子的一段对话令人心酸:

儿子:"爸爸,一休哥是谁呀,我怎么没学过?"

父亲:"儿子,我们和其他小朋友不同,他们就知道看电视,他们知道一休哥是谁,但不知道方程式怎么列。"

儿子:"我想一休哥一定比方程式好玩,那么多小朋友都知道。"

父亲:"儿子,你长大了就理解爸爸了。"

这位父亲为了不让其他小朋友影响儿子而尽量避免儿子和小朋友接触。

就这样,孩子在"炼狱"中过了四年,7岁生日刚过,行为就出现了异常:不会玩儿,发呆的时间越来越长,话越来越少,随后就是撕书,把书撕成碎片……心理医生确诊孩子为心理疾患。这时候这位制订疯狂的"神童计划"的疯狂父亲才发出"我不要神童,我只要一个健康快乐的孩子"的呐喊。看完这篇文章后,我很替

第三章 非智力因素是孩子成功的重要条件

这无辜的孩子忧虑，因为他的父亲绝不仅仅害了他四年，谁能保证他的心理、性格甚至将来的前途与命运没有埋藏下隐患呢？

 **让我至今还在揪着心的学生**

我所带过的班级在校友录上都有自己的网页。有时间我会上去浏览一下，看看同学们的留言，看看班级相册里面的照片，了解一下分散在四面八方的孩子们的近况，是我日常生活中的一乐。有一天，在比较早期的一个班级中看到这样一段留言："我是×××，我想关老师了，咱们元旦聚一聚，我的手机号码是……"我的心一下激动起来，这是一个近10年没有见过面的学生，而且在当时是个名副其实的差生，以致于在写毕业鉴定时我无从下笔，同学们调侃说："您就给他写上课睡觉不打呼噜吧。"可是今天，他在校友录上留言"想关老师"，对我是一种不小的触动。难道真的应验了许多老师得出的结论：越是上学时学习不好，表现差，挨批评最多的学生，长大后越能想起老师。我立即按他留的手机号给他打了过去，聊了一会儿，他表示会抽时间来看我。在期待他的日子里，我脑海中不断在猜测和想象，他后来继续上学了没有？他现在在从事什么工作？是不是事业有成了？2003年9月29日，我清楚地记得那一天，他提了一个大大的果篮到学校来看我。我在感动之余又有几分失望，从外观上看，他还是那么胖，还是那么懒散甚至有点落魄。交谈中得知，他初中勉强毕业后至今没有再读过书，也没有正经职业，没有固定收入。借钱买了辆

车"替别人送送货,最远跑过西藏"。听到这一番话我心头不免一惊,我很担心他替别人运送违法违禁的物品。送走他后我陷入了沉思,他三年初中学习生活的片段又在我脑海中重现:没有良好的学习习惯,上课睡觉,不完成作业,几乎没有及格的成绩。那时候政治还是中考科目,我希望他能尽可能地多得几分,于是"求"他问答题千万别留空白,根据理解去写,有字我就好给分儿。没想到收上试卷一看,他在问题的答题处把他两个字的名字,写了好几十遍,让我哭笑不得。没有良好的卫生习惯,不洗澡,身上散发着一股难闻的气味。没有良好的劳动习惯,不肯为集体出力,每周轮一次值日都要逃掉。就在初中毕业前夕,由于原计划的一次班级活动取消了,同学们交过的30元钱要退还给大家,他居然在没交钱的情况下从班长手里冒领了一份,我找他要回后,他在教室黑板上留下一行字:关老师王八蛋。我没有计较他,在他没有拿到初中毕业证(因为分数实在太低了),又想去找一份工作时,我去找学校领导,为他"求得"了一张毕业证书。因为从心里来讲,我希望他好,希望他有前途。但是今天看来,他从小养成的多种不良习惯,铸就了他懒惰、不求上进的性格,也决定了他28岁了还碌碌无为,一事无成,甚至连个人生活还没有一个稳定可靠的保证。他的前途令我揪心。

 ## 机会在一瞬间消失

下面记录的两个小材料,不是我的亲身经历,是我在报刊杂

第三章 非智力因素是孩子成功的重要条件

志上看到的，给我的印象很深。它们都从不同角度说明了习惯与命运的紧密联系。

一位国有企业厂长，在企业并不景气的情况下，接到了一笔国外订单，价值600万元，全厂职工闻讯欢欣鼓舞，摩拳擦掌准备大干一场。盼到谈判那一天，厂长与外商谈判十分顺利，眼看时已过午，厂长热情地邀请外商共进午餐，然后再正式签订合同，大功即将告成。可就在去餐厅的路上，这位厂长嗓子发痒，"啪"一口痰吐在了地上。外商见状立即止步，表示合同不签了，结束这还没有开始的合作，原因是连厂长都不爱惜自己工厂的环境，外商怀疑这种企业领导人带领下的职工素质。看起来外商似乎有点吹毛求疵，小题大做，但是作为我们自己来讲必须反省的是，这一悲剧的制造者不是对方，而是本应具有较高素质的厂长。表面看是他的一口痰，实质上是他的一种坏习惯，而且是我们很多人不以为然、司空见惯的恶习，毁掉了一笔可观的生意，让全厂职工的希望变为失望，也使这位厂长错过了一次成功的机会。小习惯不定在什么时候就会派上大用场，成败也许就在一瞬间。

一个大型外资企业要招聘部门经理。除去高学历的要求外，对应聘者的英语水平、应变能力、团队合作精神等等人力资源部门都一一进行了考察，能够闯进最后一关的只剩下了4位，应该说个个是精英了。最后一关是公司总经理亲自面试，4位小伙子准时到位，不敢有一丝一毫的懈怠。总经理到来后扫视了大家一眼，4位先后自报家门。突然电话铃响，总经理拿起电话听了一下，然后满怀歉意地说："对不起，我有急事先出去一下，请等10分钟。"

随着厚重的大门的关闭,一个小伙子率先站起来,走到硕大的老板台边,其他三位也相继走了过去,四个人你翻看台历上的记事本,我翻翻老板的文件夹,他坐在老板椅上体验了一下……大家谁也没闲着。10分钟刚到,总经理回来了,进门就宣布:"面试已经结束,很遗憾,你们都没有被录取。"四位踌躇满志的年轻人大惑不解:"面试还没有开始呢?"总经理说:"我离开10分钟,你们的表现就是我对你们的考察,本公司不能录用有随意翻看别人东西的人,这是一种极不好的习惯。"四个人同时失去了一个大展宏图的机会。

有人会说,这是年轻人的一时疏忽,或者说年轻人不拘小节。我不赞同这种看法,我认为这就是在习惯养成方面的一个漏洞。不过我倒是相信,错过了一次机会,接受了一个教训,收获了一种好习惯,今后一定还会有更好的机会眷顾这些优秀的年轻人。

现在,国内外专家关于习惯、性格与命运的观点、论证、专著越来越多,而且基本观点都是习惯决定性格,性格决定命运。我经过不断学习和研究,越来越认同这种观点,但是毕竟自己手头缺少第一手材料作为佐证(我会继续搜集和探讨)。根据我自己对这个问题的认识水平,我可以做出的判断是:

良好习惯助你成功,不良习惯为成功设置障碍,习惯的不断强化逐渐演变为性格,性格对事业的成败有着举足轻重的作用。

把握人生,从习惯入手

因为工作关系,二十几年一直少不了和家长打交道。有一个感觉就是今天的家长和十年、二十年前相比,对孩子的期望值越来越高。家长们也有着很充分的理由：今后没有高学历在社会上就立不住脚，就没有地位；没有个一技之长在社会上就吃不开。于是乎，《哈佛女孩刘亦婷》一出版，在家长中掀起一股"刘亦婷热"，恨不得自己的孩子也能成为哈佛男孩或者牛津女孩，最不济也要成为清华男孩或者北大女孩（其实在很大成分上是在满足家长的虚荣心）。看影视明星出人头地，风光无限，于是家长陪着孩子挤破了电影学院等艺术院校的大门。这几年足球运动员又出风头又挣大钱，马上就有家长"从娃娃抓起"，期盼着也能培养出一个球星。而多数家长还是战略目标出发，让孩子"全面"发展，除去正常的学校学习以外，在校外数学学奥数，英语学剑桥；学书法、学绘画、学乐器；学游泳、学体操、学跆拳道。孩子们岂止有一技之长，简直就是十八般武艺样样精通。家长们真是在用自己的一片苦心，为孩子铺就了成才之路。有许多家长在与我交谈中明明白白地表示：不指望孩子成什么才，成什么家，只希望他能在社会上有立足之地，能自己养活自己就行了。虽然看起来对孩子期望值不高，但不难看出是家长们对孩子"不是那个材料"的一种无奈，其实"望子成龙"永远是所有为人父母者的希冀。

　　希望孩子出类拔萃，盼望孩子将来能够出人头地，都不是过错，都是家长美好的愿望。但我以为凭借一技之长，尤其是文体方面的一技之长能够享用终生的，毕竟是凤毛麟角，少之又少。而随着我们国家的富强、繁荣和不断发展，教育事业的发展也必将增速，现在家长们集中关注的升高中、考大学将越来越不是什么难事，"千军万马过独木桥"的局面终将被打破。据报载，北京有望在四年内普及高中教育。这对于在重压下的学生和为了孩子费尽心血的家长们来说，无疑是天大的喜讯。可是孩子读了高中、上了大学，就一定能够成才吗？家长就没有后顾之忧了吗？不一定！**因为比起求得一纸文凭，教会孩子做人，培养孩子良好的品行、健康的心理和健全的人格更有难度，也更为重要。**下面所举事例就是最好的说明。

清华学子刘海洋用硫酸泼黑熊，有才无德。

云南大学学生马加爵对同宿舍同学痛下毒手，连害四命，居然还冷静地把尸体码放在衣柜里，有才而无人性。

首都经贸大学学生付强，为报复宿舍管理员放火烧宿舍。他的律师指出：在应试教育下长大的付强缺乏安全意识和法制观念。

洛阳工学院硕士研究生金继新，就为一门数理统计需要重修，迁怒于自己的恩师，用水果刀把夏蓓蕾老师扎伤。据说"他具有较严重的心理疾病，属偏执型人格障碍"。

江西医学院某在校大学生，手持水果刀在南昌市中心1小时内连刺7人，造成2死5伤的悲剧。

西安音乐学院大三学生药家鑫驾车撞人后又将伤者连刺八刀致其死亡，逃逸时再次撞伤无辜路人。

……

这种案例时常见诸于报端，还是不要过多列举了。**多年来我向学生及家长们力推我的教育理念："人才"二字人在先，要成才先做人。做人看起来是个大题目，实际上对于每一个家庭来说，就是从培养孩子的每一个良好习惯入手，或者从纠正孩子每一个不良习惯做起。**

我案头有一本天津社会科学院出版社出版的《成就一生好习

惯》——培养孩子好习惯的做法，确是一本好书。作者把孩子应该具备的良好习惯及培养方法一一列举，面面俱到。家长如果能从孩子呀呀学语时就参考此书肯定受益。但是根据多年的教育实践，我建议家长们对于刚刚升入初中，即将进入青春期的孩子，重点培养三大习惯：诚信、读书、守时。我的理由有三：

一是孩子从小学升入中学，换了一个全新的环境，再不好的孩子这时候也会萌生"改过自新"的愿望，不希望新老师、新同学再发现和抓住自己以往的过错，这是鼓励孩子进步的绝好契机。

二、"诚信"是做人之本，"读书"可以提高修养，"守时"是规范一个人行为的基本要求，而这三个方面都做好了，自然就涵盖了其他更多的好习惯。

三、这个年龄段的孩子可塑性相当强，此时不塑更待何时。

 ## 说诚信

诚信，这是今天中国社会的热门话题，是市场经济条件下凸显出来的，对人的基本要求。毫不隐讳地说，今天所以大张旗鼓地宣传、提倡、落实诚信，恰恰是因为社会上违背诚信原则的人和事太多了，以至于影响了我们的孩子们。

表现一：撒谎。像我们这个年龄的人在童年和少年时代曾把撒谎看做天大的耻辱，可是今天我却发现孩子们撒谎已经具有了普遍性。有些家长承认孩子染上了这种恶习并十分头疼，曾经就有一位妈妈为自己女儿的谎话张口就来而找我咨询，探究原因，

寻求解决办法；也有不少家长过分轻信孩子的谎言而坚信自己孩子的"诚实"。

表现二：考试作弊。这是目前在学校这个环境中最为盛行的不诚信的表现。从小学到初中，从高中到大学，甚至研究生考试和成人高考，作弊人数有增无减，作弊手段日益高超，中小学生们偷看邻桌一眼，夹带个把小纸条，纯属小儿科，孩子们几乎已经没有了内疚感。

表现三：涂改成绩。改分儿是现在中小学生惯用的伎俩，分为几种情况：一是糊弄家长。考试卷发下来，或期末成绩册要要带回家了，采取各种手段把不好的分数提高个10分8分的，让家长高兴，起码不至于挨骂。至于让家长戳穿或老师发现，那到时候再想办法敷衍，反正是过一时说一时，顾不了那么多。二是欺骗老师。每次考试老师批完卷发下去，总会有人在错题上做了手脚，然后要求老师给改分，哪怕是能加上1分，能凑个及格，也要去做。

表现四：在时间上打折扣，钻空子。4点多放学了，6点多才回家，明明是上网吧玩游戏去了，回家告诉父母老师给补课了。就在前不久，我带领初三年级学生参加体育中考，乘坐大轿车把学生送回学校的时间是中午11点40，到下午4点多一女生家长打电话找我，询问下午学校有没有补课，孩子到现在未归。我亦愕然，知道事情不妙。到晚上8点多该女生回家，编了一通谎言，家长已经深信不疑，反过来电话安慰我："关老师，您放心吧，没事，我都问清楚了，是七八个女生在一起。"我心中不免可怜这位家长，女儿是约了一个男生单独行动，却轻易骗过了为她揪了一下午心的妈妈。

第三章 非智力因素是孩子成功的重要条件

　　孩子们的不诚实确实到了非纠正不可的地步了，一个没有诚信的人，即使有再多的学识，再高的学历，将来也不会被社会所接纳，甚至有可能自毁前程。其实据我了解，家长们对这种种现象深恶痛绝，也希望自己的孩子诚实守信，弄不明白孩子们怎么沾染上的这些坏毛病。如果要追根溯源的话，我的看法是：一跟大人学来的，二环境逼出来的（当然我不否认还有其他原因，但这两点我有根有据）。

　　我的一个学生说话嘴巴不干净，总带脏字。老师要求并帮助他改，他理直气壮地说："您先把我爸管好了，我就改。"看看，家长在和孩子犯同样的错误，而且孩子的错肯定是从家长那儿模仿来的，在宽容大人的前提下我们如何去要求孩子？情同此理，今天我们成年人的不诚信作为远比孩子们严重得多，且不说这种"榜样"对孩子造成的负面影响有多大，甚至有些家长在"教唆"孩子违背诚信自己却浑然不知。例如，当老师的都有这样的体会，有些经常迟到的学生，拿着家长的说明或者假条到校，迟到理由往往是"今天早晨突然头晕，或头疼，或肚子疼"等等，一般也就晚到个四五分钟，凭直观老师就能判断出他的真实性，大多数都是起晚了，家长怕孩子挨说，于是写一张假假条，替孩子撒个谎。更有甚者，我刚刚送毕业的一个学习非常优秀的学生，初一、初二两学年无数次迟到，为此班主任没少做工作，因为他直接影响了班集体的荣誉。不料孩子道出的实情是：妈妈为了让他多睡会儿，每天把闹钟拨慢15分钟，先"好心"地欺骗了孩子，再找各种借口欺骗老师。还有的家长为孩子不完成作业写假条，为不参加集体活动写假条，和孩子一起编造谎言应对老师。今年五一有七天长假，我为初一年级同学设计了一项活动，叫作"自立，我能行"。要求每个同学用50元钱为爸爸妈妈做一顿饭，我的要求很具体，从采购开始，到自己动手做，米饭、肉炒豆角、素炒土豆丝、西红柿汤，由家长指导，但不能动手帮忙，然后家长负责按项目计时打分，学生自己记录下操作过程。这本是锻炼学生动手能力的一个好机会，但把预先发下的表格收上来一看，我的感觉是尴尬、失望、悲哀。可以看出，绝大多数孩子并没有按要求去做，只是家长在表格上画了个√，然后每一项都打了20分（满分）。我的一片良苦用心被家长糟蹋了。孩子失去一次锻炼的机会事小，家长这种善意的欺骗，不是在教坏孩子吗？我不想指责家长，只是想提醒您，在教育孩子问题上一定要做到"正人先正己"，尽管这个"人"只不过是个孩子。

中央电视台《实话实说》有一期节目临近尾声时，柳州铁路公安处民警杨顺德的女儿杨桢贞的一番话发人深省：

对于我，爸爸曾满怀愧疚地说过，多年来他只忙于工作，为我付出的太少太少。为什么要这样想呢？我真的从来没有这样的感觉，过去没有，现在没有，将来也不会有。因为我成长过程中的点点滴滴都伴随着他直接或间接的积极影响。我在家养成了长时间安静地坐在书桌前学习的习惯，是因为身旁的爸爸那股专注的读书写字的劲儿，让我不好意思开小差；一进高中我就递交了入党申请书，并通过不懈努力被较早地批准为学生党员，是因为从小受到爸爸的共产主义信仰和社会责任感的熏陶；我在大学里勤工俭学，去年圣诞节把攒下的第一笔家教收入500元寄回了家，是因为从小就对自己许诺要做个像爸爸那样孝顺的孩子。如果说我对爸爸有什么要求的话，那就是希望他能好好保重身体，对我来说，最重要的是爸爸的健康和快乐。

　　这一期节目的题目是《谁能把孩子带出网吧》，我没有从头看，但是最后让我感动的，就是这位杨警官在为他人的孩子忙碌时，看似忽视了对自己女儿的教育，实际上他的行为、他的以身作则是最高层次的教育。

　　另外，作为老师我们认为孩子在上学期间迟到、缺作业等等行为属于正常范围内的过错，家长如果不为孩子作伪证，就让老师批评，甚至惩罚了他，让他为自己的过错付出点代价，未必就是坏事。而家长在这个时候对孩子施以"爱心"，用不恰当的方式袒护孩子，这是在给孩子充当不诚实的榜样。

　　孩子的不诚信一方面是跟大人学来的，另一方面也有的是被大人逼出来的。实事求是地说，今天的孩子虽说物质生活够丰富，不能不算幸福，但是学业负担以及精神和心理上的压力确实超出了他们这个年龄所能承受的范围。怎么办呢？毕竟是孩子，他们就要开动脑筋，想尽一切办法，钻老师和家长的空子，能多玩就多玩一会儿，能偷懒就偷点懒，能少挨老师的批评，能少挨家长的骂……那就只有撒谎，时间一长也就习惯成自然了。

　　说到家长"逼"孩子，我也为家长叫屈。现在的孩子都是独生子女，家长们疼还疼不过来呢，干嘛要跟孩子们较劲？这一个"逼"字里面包含了多少无奈，作为矛盾漩涡中的老师与家长不也是苦衷多多吗？！

　　一次，一位年轻班主任向我抱怨一位学生家长，缘由是老师看好这个学习不错、很精干的小男孩，让他在班委会中担任职务，却遭到家长的反对。作为年级组长，我当然对家长的这种态度不能认同。于是在一次家长会上我便对这件事提出了质疑，并自觉理直气壮。没曾想，这位家长十分坦诚，主动打电话给我，承认"您批评的那位家长就是我"，而且很坦率地亮明自己的观点：孩子浮躁，成绩并不理想，不管怎么说最终还是拿分数来说话，竟然说得我也无言以对。因为家长肯花高价让孩子上我们这种民办学校，毕竟是冲着"考上好高中"来的，当个小干部多多少少要分散一些精力，花费一些时间，难免对个人的学习带来一定的影响，家长的这种"现实"也不无道理！

至于素质教育，做人教育，虽然说起来是今天教育的主旋律，但是中考、高考还不是以分数定终身吗？《现代教育报》曾以"该不该按分数排名"进行讨论，正方、反方都振振有词，各说各的道理。据说某省教育主管部分还出了文件，对于敢顶风违纪，给学生排名的学校领导、老师以处罚。看完上述这些讨论和报道后，我不禁想问：到底是谁在给学生排队？是老师？是年级？是学校？作为多年的班主任、年级组长，我不否认我们每次期末大考后肯定排队，甚至一些主科老师在平时的小测验后都"习惯性"地把学生所得分数按从高到低的顺序排列一遍。但是我们给一个班的学生排队，给一个年级的学生排队，不是缘于中考从高分到低分录取——全北京市范围内的大排队，高考从高分到低分录取——全国范围的学生大排队吗？没有这带有权威性的大排队，何来一校、一年级、一班的小排队？所以我的感觉（不知这种感觉是否正确）是：中考、高考的大环境在"逼"学校，学校在"逼"老师，老师在"逼"学生和家长，家长只能"逼"孩子。那么在这整个链

第三章 非智力因素是孩子成功的重要条件

条中的一头一尾，不就是"应试教育与学生学习"之间的矛盾吗？素质教育的口号也喊了不少年了，起码中学生的学习负担没有实质上的减轻。在社会大环境和形势的逼迫下，自觉的孩子再逼一逼自己，不自觉的孩子也就逐渐练就了"撒谎"的本事，躲过一时是一时，应会一天是一天，得过且过——这也算是孩子们的一种反抗形式吧！

教师手记——好糊涂的家长

今天是阴历的正月十六，按照传统的说法，这个年到今天就过完了，所以昨晚的北京街头又上演了一场"烟花爆竹大战"，震耳欲聋的鞭炮声从晚上六七点钟零零星星开始，到八九点钟达到高潮（这时候的人们都吃完团圆饭，品尝完美味的元宵了），直至入夜才逐渐消停下来，恢复了往日的宁静。想想也是，咱们北京市民经历了从"禁放"到"限放"这一曲折的过程，不但心理成熟了，法律意识、安全意识也更强了，家里还有没放完的鞭炮，在允许的时间段内赶快都崩出去，省去了很多麻烦。

早晨一起床，按照惯例，第一件事就是打开窗户，呼吸一下新鲜空气。哇，眼前的景象实在不怎么美好：遍地都是昨晚放鞭炮留下的爆竹皮和纸屑，空气中还残留着淡淡的火药味，我暗自思忖：今天，院里负责打扫卫生的李师傅可要受累了，得是平常工作量的好几倍。正想着，突然看到让我惊喜的一幕：一位男士领着一个10岁左右的小男孩，手里拿着笤帚出现在爆竹皮最集中的垃圾箱前，只见这位男士（应该是孩子的父亲）把笤帚交到孩子手里，然后做了一个扫地的示范动作，孩子带着调皮的口吻说：

"不用你教,我会呀!"说着,三下两下就把眼前的纸屑扫成了一小堆儿,那付略显笨拙又不乏认真的动作和神态,让我生出几分感动。我心中默默赞叹这位会教育孩子的父亲,忽然听见一声:"别扫了,别扫了,摆好姿势,你一动我就没法照了。"这时候我才发现,原来父亲手里举着数码相机,正要给儿子拍照,"腰再弯点儿","抬起头来","笑一笑",孩子双手紧握笤帚,双腿叉开,躬着腰,仰着脸,站在红红绿绿的纸屑上,做出扫地的姿势,照完正面照侧面,随着父亲手中相机的"咔、咔"声,一个个足以令人感动的画面——被摄进了镜头,"你们老师说要交几张了吗?"父亲问,"没说要几张,就说要假期做好事的照片。"孩子回答,"那就不照了,交两张老师肯定表扬你,这叫保护环境,咱们做的可是大好事。"父亲边说边招呼儿子:"走,回家,一会儿爸爸就给你洗照片去!"看到这一对父子转身离去,看到地面上一片也没有减少的纸屑,我不禁自言自语:"好糊涂的家长!"

我站在窗前久久没有走开。可能出于职业的敏感,可能出于对家庭教育问题的关注,我对于刚刚发生的这只有短短几分钟的"短剧"耿耿于怀:照片的背景就是一排绿色的垃圾箱,家长如果能真真正正地带领孩子,把地上的废弃物扫起哪怕是一簸箕,倒进垃圾箱里,也算是为环保出了一把力,对孩子也是一次正面的引导和教育,这样的行为再配以照片,该多么有意义,若干年后再翻看这些照片才更有价值啊。可是,这位糊涂的家长却忽略了一次教育孩子的绝好契机,明知道这是"保护环境的大好事",却又与这件"大好事"擦肩而过,而更令我遗憾的是,好事不做也就罢了,这位父亲的行为实际上是在做一件"坏事",那就是教给孩子如何作假,让孩子用虚假的表现去蒙骗老师,去换取表扬或荣誉——这才是最糟糕的啊!孩子就是在家长不经意的潜移默化中在学习,在模仿,在积累和形成打上家长烙印的品质与人格。

想到这儿,我没有顾上洗漱,也没有吃早点,径直坐到了电脑前,把这一"素材"记录在我的博客里。因为,不久我将在国家图书馆讲座的主题是"家长好好学习,孩子天天向上",就是要提醒和告诫家长们:做合格的家长,不要误导孩子!

 **说读书**

养成读书的好习惯受益终生——这是我的切身体会,也是我教子的成功之处。

我成长的五六十年代,文化生活没有今天这样丰富多彩,那时候在学习之余看课外书是我的一大乐事。我永远都会记得我在小学四年级看的第一本小说《林海雪原》,以后就一发不可收拾,《苦菜花》、《平原枪声》、《牛虻》、《叶尔绍夫兄弟》……一本接一本,到上初中时开始涉猎中外名著,"文化大革命"中赋闲在家更是到处借书,甚至偷看了当时的禁书《三家巷》、《苦斗》等。而这些读书的经历为我三十多岁考大学和以后成为一名合格的教师都做了很好的铺垫。就是今天我敢于拿起笔来完成自己出书的梦想,也得益于多年来读书的好习惯。

说到教子的成功,我在前面的章节中已经写到"读书的习惯成就了我的儿子",在此不再重复。多读书、读好书肯定也是每一个家长对孩子的希望,但是不容乐观的现状是,喜爱读书,有良好读书习惯的孩子真是少之又少。就我曾教过的初高中学生来说,以书为友者少,写作困难者多;读过中外名著者少,看卡通漫画者多;看小说的少,看时尚杂志的多;家长们关心孩子中文水平的少,重视孩子英语成绩的多。20多年与孩子们相伴,深切地感到他们的文学素养在退化,甚至出现了理科非常优秀的中学生读不懂数学题、物理题的现象。说起孩子们不爱读书的原因是多方面的,绝不能单纯从孩子身上追根溯源。整个社会人们心态的浮躁,不可避免地影响了孩子;家长不读书,业余时间打扑克、玩麻将、看电视,没给孩子做出榜样;文化文艺生活的丰富挤占了孩子们看书的时间;网络和电视使孩子们获得信息的速度要比读书快;大量国外卡通漫画看起来轻松愉快不费脑子……原因多是客观存在,但这些不读书的理由都是可以战胜的。家长如果真的认识到孩子多看书对于成长的意义,真的想培养孩子读书的习惯,即使孩子已经十一二岁了,也来得及。教您几招不妨一试:

第一招:有准备地坐下来,和孩子谈谈自己对读书的认识过程,检讨自己过去不够重视,以后下决心要和孩子一起读书(也许孩子没听进去,没关系,说只不过是个开场白,关键是在后面的做)。

第二招:家长以身作则,真的坐下来读书看报,给孩子造就一种学习的氛围(这时候家长千万不要再多说什么,只管坚持做下去)。

第三招:陪着孩子转书店、逛书市。也许这种要求一开始会遭到孩子的抵触,但您只要能把孩子"引诱"进去,他逐渐就会受到感染。北京图书大厦这种大型书店,每年在劳动人民文化宫或地坛举办的大型书市，一定要多去、常去、反复去，不断强化这种氛围对感官的冲击，就会形成兴趣。

第四招：从书市、书店回来要有收获（家长一定要舍得投资）。让孩子自己选择，也许他的选择不符合家长的初衷和意愿，先不要着急，慢慢再指导并改变他，孩子只要肯看，就不白买。

第五招：要求孩子（注意，这里是要求，带有一定的强制性）读书。可以首先选择一些故事性强的如《西游记》《海底两万里》《福尔摩斯探案集》等，孩子很有可能一开始看不进去，给他做一点点量上的规定，比如说今天只看20页就算完成任务，看完后给爸爸或者妈妈简单叙述一下故事情节（一定要注意及时表扬鼓励），然后逐日增加，循序渐进，只要坚持下去，肯定见效果。当然这需要家长的严格、执著与耐心。

（在我所支的这五招中，最难做到的是第二招——家长的以身作则，要求孩子容易，要求自己可就难了）。

其实如果孩子从小就养成了爱书看书的良好习惯，哪用得着费这么大劲。但是我听到了太多太多家长向我诉说"孩子就是不爱看书"，如果家长打心眼儿里真的着急了，那您就得下定决心，付诸于行动，表率、引导、鼓励、强制结合起来，一步一步把孩子领进书的殿堂。提高孩子的文化教养和内在素质在此一举。

 **说守时**

遵守时间，对自己来说是一种好习惯，在与他人的交往中是

一种礼貌和信用。总之，守时与否体现了一个人的基本素质，不可小视。

从古到今，关于时间的重要性从各个不同的角度有诸多说法：

一寸光阴一寸金，寸金难买寸光阴。

时间就是效率，时间就是金钱，时间就是生命。

浪费别人的时间就等于图财害命。

……

大多是从珍惜时间的角度对人们的种种提示，而遵守时间往往不被人们所重视，或者认为是一件无关紧要的小事，所以才出现了家长故意把表拨慢让孩子迟到的现象。作为老师都有这样的体会，经常迟到的同学总是那几个，大多数人一般不迟到，许多同学六年初、高中下来从来不迟到，这不就是一种习惯吗？我们可以想象一下，那些经常迟到的同学每天早晨手忙脚乱的情景，能和家长没关系吗？无论孩子或家长，能否从下列表现中找一找自己的影子，借此来判别一下自己是不是一个没有时间观念，不守时的人：

上学（上班）经常迟到。

不迟到，但总是慌慌张张踩着铃声进门。

与朋友、同学、同事约会大部分时间是别人等自己。

学校组织集体活动，经常是同学们集合好了你才来。

随团旅游（或学校组织春、秋游）分散活动后，不能按规定时间到达集合地点。

向家长保证上网不超过两个小时，一般都会超过规定时间。

绝大多数同学两个小时能完成的作业，经常要磨蹭三四个小时。

第三章 非智力因素是孩子成功的重要条件

课间十分钟休息，经常是先玩够了再匆匆忙忙跑去上厕所，甚至耽误下一节课。

以上几种表现只是我在日常生活中观察到的现象，如果在你身上时有发生的话，我就毫不客气地告诉你：你是一个缺少时间观念的人，你是一个不遵守时间的人。这种恶习不改会影响团队合作，会招致别人的反感，会失去很多成功的机会，对事业、对个人发展都有百害而无一利。尤其对于今天的孩子们来说，**未来的竞争既是全方位的又是具体到每一个细节的，不容你有这样那样的不良习惯**。今天在中国境内的一些大跨国公司像壳牌、宝洁、诺基亚等在招聘人才时，就十分重视对应聘者时间观念的考察。作为家长要为孩子的将来负责，就不可忽视这些看起来似乎不重要的"小毛病"。

您也不妨一试：

像培养读书习惯一样，首先家长要以身作则，让孩子明显感觉到您的惜时、守时，给孩子以潜移默化的影响。

其次，在日常生活中不断强化时间观念，例如经常说："刷牙一般用3分钟"，"半个小时之内我要让你吃上饭"，"今天的作业争取9点以前做完，然后我和你一起看NBA"，"打一个小时篮球啊，自己掌握好时间，超了从下次打球时间里扣"。注意，这种强化必须是正面的、积极的，让孩子在不知不觉中接受，增强时间观念，逐渐也就"习惯成自然"了。

再次，要纠正孩子不守时的坏习惯，也需要适当采取一些强制措施。但家长要做到不急不恼，和蔼的态度，严格的措施。例如，有些孩子早晨赖床，怎么叫就是赖着不起，家长每天早上是连喊带叫，连拉带拽，甚至都上中学了还得往起抱。好不容易起来了，不是顾不上吃饭，就是忘了带作业，还时不时迟到挨老师批评，其实这都是家长惯出来的。我的建议是，您给他买一个闹钟，郑重其事地向他交代清楚：从明天开始我再不负责"叫起"了，只负责按时把早餐准备好，而且要求你必须吃（因为我不能白做），你迟到就让老师收拾你，我不管了。我曾经教给家长这么做，效果非常好，家长都奇怪"我不叫他了，他每天自己想着上闹钟，铃一响顶多磨上两分钟，自己就起来了"。家长不懂，这恰恰是这个年龄段孩子的特点，独立与依赖兼而有之，你不让我独立我就依赖，就要赖；让我独立了，我能行！

再例如现在有的孩子写作业磨蹭，耗时间。我在我校初一两个班做过统计，一般都能在9点钟前后完成作业上床睡觉。但居然有的家长反映作业太多，孩子要写到十一二点。经过调查，实际情况是这些孩子不抓紧时间，先玩后学，主要是等家长下班回来学给家长看；或者边玩边学，已经养成了不专心学习的坏习惯；还有的就是故意耗时间，以免家长再额外给加作业。我的学生刘川就让自己的这种"磨"和"耗"给害苦了。一篇作文课堂上40分钟他能完成，回到家里写，两个小时也不一定能写完。我在他上初一时就注意到这个问题，给他写的评语是："高高大大的男孩子，不急不火的慢性子，品行端正，乐于助人，老师越来越喜欢你。慢，是你学习中的致命弱点，磨掉了太多的时间，比其他同学做题少，看书少，休息少，你不觉得吃亏吗？提高效率一定会提高学习成绩，希望你像一个真正的男子汉！"我要求他妈妈配合我，写作业时给他面前放一个闹钟，必须在规定时间内完成，否则就不让写了，让老师批评处理。家长反映不错，见点效果。可惜家长不能坚持用这样的方法要求和督促孩子，使得他的不良习惯还是占了上风。三年后中考成绩很不理想。刘川是个好孩子，但是别人一天只有24小时，他却需要48小时甚至更多才好，可惜时间对每一个人是绝对公平的。

我在这里喋喋不休地讲了诚信、读书、守时三种良好习惯的养成，可能有人会质疑，还有那么多需要提倡的好习惯就不该培养吗？像认真听讲的习惯、帮助他人的习惯、讲究卫生的习惯、自觉学习的习惯……等等。我肯定地回答，都要，好习惯多多益善，但都需要从小培养，我所针对的是即将从少年步入青年，该有的好习惯已经形成，有些坏习惯也已经附着在日常行为中的这些孩子及其家长们。尤其咱们中国的家长有一个特点，就是怕别人批评自己的孩子，听到外人说自己孩子的不是就大为光火，可是自己数落起孩子的缺点时又会滔滔不绝，把孩子说得一无是处，好像浑身都是毛病。因此不能急于求成，有重点地培养良好习惯或纠正不良习惯，才有可能收到预期的效果。

结束语

"为了他（她）我能做的都做了，以后不落埋怨，不留遗憾，至于孩子自己做得怎么样，那就是他自己的事了。"中考录取工作结束了，心急如焚的家长和学生们网上查、电话问，基本都知道了自己的去向，当然喜和忧也就接踵而至。考上理想高中的喜形于色，不满意的甚至于落榜的不仅仅是郁闷，更主要的是下一步该怎么走，如何去面对现实，弥补已经出现的遗憾。这时候孩子个个都像霜打了的茄子——蔫了，因为没考好，理亏了；而家长们则一托关系二花钱，尽自己最大的努力让孩子有高中上，教育投资对这部分家长来说寄托了希望也包含了些许无奈。我为我校刚刚毕业的一些学生算了一笔流水账：

初中	学费、杂费、书费等3.9万元 周六周日各种补课班提高班（家教）约1万元
高中	择校费3万元（这还得在允许择校的分数范围内，否则费用更高）学杂费、书本费、节假日上课费等近1万元 如果继续请家教或上各类辅导班需大约2万元

这样粗略统计，初高中6年下来单纯花在教育上就要突破10万元。也许对于今天的一些家庭来说这笔钱不算什么，完全能够承担，但问题的关键在于，这些钱能买来什么？能不能买来孩子的美好前途，能不能实现家长的期望，哪怕能唤起孩子自强的动力？我目睹的结果基本都是否定的。因为这里面有两个难以克服的因素：其一，当你大方地给孩子从小到大花钱花惯了的时候，孩子就把花家长的钱看成了理所当然，尽管他在一瞬间会觉得几万块钱上学贵了点儿，心中掠过一丝不安，但很快就过去了，在孩子的潜意识中"你就应该给我花这笔钱"。眼前就有一例：刚毕业的一个男生，由于重理轻文，努力不够，中考成绩不理想，没有被自己理想的高中录取。我打电话问他"花3万可以择校你去不去"？他连一秒钟都没有犹豫，脱口而出："去！"他父亲考虑到孩子认为钱来得太容易了，已经不懂得珍惜，于是很理智地拒绝了他的要

求,我认为是对的。其二,孩子多年积淀下来的没毅力、不会听讲、不抓紧时间、贪玩儿、不爱动脑子、粗心大意等等不良习惯,甚至人格缺陷,不会因为家长花了几万块钱,孩子一感动就全改了。所以当家长的钱花完以后,孩子该玩还得玩,该懒还得懒,该不学仍旧是不学,用钱打了水漂的家长大有人在。

家长到底该给孩子什么?尤其是像北京这种大城市的家庭,家庭教育的"内功"就在于先要让孩子学会"做人",而不要急于求"才"。懂得做人的道理,有健全的心理,完善的人格,良好的习惯,健康的体魄,不用家长逼,孩子自己会向成才方面努力。爱因斯坦说过:"智力上的成就,更多地是依靠性格的伟大。"

加拿大著名企业家G·金斯利·沃德写有《商人家训》一书,用自己短暂的四十年人生奋斗经历来激励自己的子女。我认为这是他留给孩子的最宝贵的遗产。现摘录其中一段与望子成龙的家长们共勉:

我的人生准则

准则一:乐观的心态

准则二:树立你自己的目标

准则三:持之以恒

准则四:端正诚实的态度

准则五:建立你自己的团队

准则六:迅速做出你的决定

准则七：活到老，学到老

准则八：注意身体健康

准则九：记住你的家庭，除了健康它是你最重要的财产

准则十：对自己充满自信

作为一个成功商人，G·金斯利·沃德先生的智商是毋庸置疑的，但是通过他成功后总结出来的《人生准则》，更让我钦佩的是他的情商——非智力因素成就了他的成功，而他留给子女的"财富"恰恰是中国的父母最应该学习与借鉴的。

第四章

家校合作是教育的重要环节

家庭教育工作者、专家和媒体有责任通过自己的有效工作帮助家长和学校走出误区,为孩子的健康成长创造更有利的条件。

——《当代家庭教育报》新闻部主任 郑清川

第四章　家校合作是教育的重要环节

　　从新闻工作者的角度看家庭教育问题，我认为目前存在以下几个误区——

　　其一，教育责任的转移。许多家长将对孩子的教育责任全部推给学校，认为孩子的教育无论好与不好，完全由学校负责。而实际上，学校无力承担"负全责"的重任。其二，危机的转移。家长大多感到压力大，为了改变命运，将压力与危机感转移到孩子身上，一味地要求孩子考高分。其三，有些家长不注意精神卫生。在工作、生活中产生的一些怨气、嫉妒心理等经常在孩子面前发泄出来。这对于孩子的心理健康会产生不利的影响。其四，许多学校常常以家长会代替家长学校的活动，不能使家长学校真正发挥教育帮助，指导家长的作用。

　　因此，家庭教育工作者、专家和媒体有责任通过自己的有效工作帮助家长和学校走出误区，为孩子的健康成长创造更有利的条件。

——《当代家庭教育报》新闻部主任　郑清川

关注家校合作教育问题，是从《今日父母》杂志对我的一次采访开始的。

《今日父母》杂志的寿命很短，一共出了十几期就停刊了，原因可能是销售量小，投入与回报不相吻合。我感到特别遗憾，至今还耿耿于怀。因为在我看来那是针对家庭教育的一份最好的刊物，内容充实，针对性很强，画面精美，制作精良，每一期都能从不同的视角在家庭教育领域提出问题，阐述观点，给出建议，对于10~18岁这个年龄段孩子的家长绝对开卷有益。我从第一次看到这本杂志就被它吸引住了，并自费为我们全班48位同学的家长每人买了一期，然后全年级就有六七十位家长订了这本杂志。可惜好景不常，也许是宣传力度不够，也许是家长们对家庭教育问题认识不足，据说订数不多，推广困难，只好停办。但是我由衷地感谢曾经的《今日父母》杂志，感谢热衷于教育的杂志出品人牟剑闵总经理，每期都有点睛之笔的执行主编王耕先生以及采访过我和我的学生，笔锋犀利的编辑谢征女士，他们把我对教育的研究和关注又引进了一个新的领域——关于家庭与学校，老师和家长的合作。

当了多年班主任，我在实践中练就了一种"真功"——一次家访或者与学生家长的一次交谈，就能基本了解该家长的教育水平、教育心态、教育方法及教育成功或失败的缘由，不信？请看我亲身经历的一组短镜头。

镜头一：刚接高一新班，一位家长打来电话："……关老师您有什么事说话……"

画外音：这是一位很"世故"的家长，很会使用"权力与关系"，对孩子不会有什么好影响。就是我在前面写的"被家长教坏了的孩子"的母亲。

镜头二：我冒雨前去家访，在与孩子的交谈间，妈妈下班回来了，进门后顾不上换鞋，也顾不上擦一擦脸上的雨水，一手拿着往下滴水的雨衣，眼睛怯怯地看着上高二的儿子说："今天关老师在，让妈说两句话行吗？"完全是乞求的语气。

画外音：我当即勃然大怒，大骂了一顿这个不肖子。但是家长的这种失败教育铸成的不良后果已经显现。这个学生完全不考虑家长的一片苦心，我行我素。都读到高三了，一个不高兴说不来就不来上学了，家长只能求助于我，我赶过去站在他家门外（他不给开门）连哄带劝，好不容易才被我拉回到课堂上。凭借原有的一点小聪明，考上了北京大学大专班，上了不到一年退学重考，以后又独自跑到深圳去"闯世界"。至今我也不知道这个孩子混出个样来没有。

镜头三：一个我并不教的初二小男孩在学校闹腾得很有"名气"。据说爸爸是博士，我一直想探讨一下这位"博士后"是在怎样的教育环境下成长的，但是苦于没有机会。一天，该学生的母亲到办公室找物理老师，我借机搭讪了一句："您为这孩子可是真操心了。"我话音未落，这位母亲扯开嗓门来了一句："我命不好，这辈子倒了血霉了！"全然不顾办公室里有那么多正在备课的老师。但就是他妈妈的这一句话，我对这位家长的基本素质及其教育水平已经有了初步的了解。

画外音：光有博士父亲，没有一位高素质的母亲。而后我与孩子交谈，他明确地告诉我：他们家的教育就是打，主要是妈妈打，爸爸轻易不管，一旦管"跟我妈用的方法一样"。

镜头四：家长会，一位父亲坐在离讲台最近的第一排座位上，手上戴着一枚硕大的金戒指，一身酒气，开会没十分钟，趴在课桌上呼呼大睡。

画外音：孩子果然也像其父一样不拘小节，吊儿郎当，散漫成性。

镜头五：第一次去孙逊家家访。博士父亲的学者风度，母亲的明理豁达，尤其孩子房间里丰富的藏书，给我留下了太深刻的印象。

画外音：果然，孙逊是一个有教养、爱学习，德智体各方面均衡发展的好女孩。

……

这种印在脑海里的短镜头我可以再现许多许多，家长们的言谈举止在不经意间暴露了自己的"教育素质"（注：我在这里只谈作为家长在教育孩子方面的素质，不涉及作为人的基本素质的话题）。也许有人会说，家长就是不懂教育，否则还要你们老师干嘛，我费心费力为孩子择校就是指望懂教育的好老师把孩子培养成才呢！此言差矣。教育二字可是字含千钧啊，所谓老师懂教育，只是说老师经过了教育方面的专业学习，是狭义的。而广义的教育是指"按照一定的社会要求，对受教育者的身心施以影响的一种有计划、有目的的活动"（《辞海》）。它包括学校教育、社会教育和家庭教育三部分，虽然说学校、社会、家庭需要各负其责，各司其职，有一定的分工，但这三部分又是紧密相连，相辅相成，缺一不可的。在孩子的成长过程中，忽视了哪一方面的教育都可能造成不良后果。以震惊全国的海淀区蓝极速网吧焚火案为例,纵火者均是未成年人,作为直接的犯罪者,已经受到了应有的法律制裁,而反思的却应该是我们:**首先这种不规范,甚至违法的黑网吧的存在就为火灾留下了隐患,这是社会乃至政府监管部门推卸不掉的责任;其次,孩子从小没有养成良好的品德与学习习惯,再加上父母的离异,对孩子疏于管教,显然"养不教,父之过",家庭培育了一颗危险的"火种";而正值学龄的孩子离开学校在社会上游荡,在网吧里度过本该在课堂学习的大好时光,无形中把一颗危险火种送到了留有隐患的起火点,学校也难辞管理不严之责**(作为年级组长,我对班主任有一个严格的要求:学校7:40上课,若发现有学生未到校,7:45前电话一定要打到家里,以最快的速度掌握孩子的行踪)。从这一案例不难看出,二十四人死亡的严重后果表面看起来是三名未成年人酿成的悲剧,但他们何以小小年纪就如此"无法无天",追根溯源的话家庭、学校、社会都脱不了干系。

说到教育领域的社会责任,可能是出于多年从事青少年思想品德教育工作的敏感,我欣喜地注意到以胡锦涛总书记为首的党中央开始狠抓意识形态领域的斗争,从加大反腐倡廉力度开始,很快就延伸到未成年人思想道德建设领域。我庆幸,国家和社会把更多的目光,更大的精力投向了寄托着中国希望的下一代。《中共中央国务院关于进一步加强和改进未成年人思想道德建设的若干意见》向全社会发出了动员令,很快文化部开始清理对青少年成长带来负面影响的文化市场,黄书、黄碟、色情、暴力等都在严打之列,随后公安部又在全国范围内打击淫秽色情网站专项行动中屡屡告捷,封杀了一个个黄色网站,制裁了一批网上传黄的犯罪嫌疑人。这些行动净化了文化市场，弘扬了网络文明，有效地杜绝了给孩子们造成的视觉污染和灵魂污染，对此我拍手叫好。这是社会教育地位和水平的提升，虽然严格来说学校教育和家庭教育也是社会教育的一部分，但是当全社会都来关注和重视对未成年人，尤其是处于青春期的未成年人的教育时，那么无疑对于学校教育及家庭教育都会起到很好的促进和引导作用。

我多年在学校做的是专职教育，但是我今天正在研究的却是家庭教育，因为在工作实践中我越来越认可这样一个观点：**学校教育是家庭教育的延续，是家庭教育的引申，是家庭教育的补充，是家庭教育的完善，是连接社会教育和家庭教育的枢纽**，家庭教育在整个教育链条中有着不可替代的重要作用。

学校教育是家庭教育的延续——不知在何时何处看到过"家庭教育是学校教育的延续"的说法。我不敢苟同，因为谁都知道家庭是孩子的第一所学校，父母是孩子的第一任老师，从孩子呱呱落地开始，家庭熏陶、父母影响已经在潜移默化中在孩子身上产生了教育意义。而孩子走进学校，尤其是走进初中、高中，已经是在一定教育基础上的继续教育了。至于有人把"延续"理解为孩子放学回家后家长完成老师布置的任务——检查督促孩子的作业、帮助孩子背诵默写等，这恰恰是今天中国教育的可悲之处，我认为是不应该的、不正常的，但在今天来说却又是无奈的。

学校教育是家庭教育的引申——这是孩子必须接受学校教育的理由之一。学校是专门的教育机构，它的教育方针，教育理论，教育方法，教育手段都是家庭所不具备的，作为从教人员的老师也是家长所不能替代的。家庭教育主要以感性教育为主，家长通

第四章　家校合作是教育的重要环节

过言传身教更多的是用自身行为来影响、感染着孩子。著名教育家马卡连柯说："成年人在生活的每时每刻，甚至你们不在场时，也在教育儿童。你们怎样穿戴，怎样同别人谈话，怎样对待朋友或敌人，怎样微笑，怎样读报，这一切对孩子都有意义。"而学校教育则是系统的理性教育为主，无论是做人的道理，还是众多学科的学习，都要引导学生既要知其然，还要知其所以然，真正把学生领进科学的殿堂，提高他们的思想素质、人文素质和科技素质。这种"引申"的功能必由学校担当。

学校教育是家庭教育的补充——用"补充"一词也许并不十分恰当，但我找不到更合适的说法了。我这里所说的补充是指知识的宽度和广度。孩子知识面的拓展只有在学校里才能实现，以初中生为例，他们在校期间开设的科目包括：语文、数学、外语、物理、化学、品德、历史、地理、生物、音乐、美术、体育、劳计、计算机、心理……等近20门课，是任何一个家庭也无法独立完成的，所以我权且把它当做一种补充吧。

学校教育是家庭教育的完善——由于绝大多数家长不懂教育，所以家庭教育的水平参差不齐，甚至时常出现家庭教育方面的失误。这时候能够有好的学校教育，好的专业教师对家庭教育中出现的偏差进行纠正和指导，二力合一，教育效果将会更为理想。凑巧了，刚刚接了一个未曾谋面的家长电话，对话如下：

"请问是关老师家吗？"

"对，我就是。您是……"

"我是新初一的一位学生家长，有个问题向您咨询一下。"

"好的，您有什么问题尽管说。"

"离开学还有一段时间,孩子作业基本做完了,我不知该让她干点什么,是不是再去报一些补课班之类的……"

"请问孩子是男孩还是女孩?父母上班家里是不是就剩孩子一人在家?"

"女孩,白天有姥姥陪着她。"

"好的,放假了嘛,要让孩子休息好,另外她马上要进入初中学习,要做好充分的心理准备,把已经发到手的新课本翻翻看看,做个简单的预习,然后我要给您提一个建议,利用假期大好时机,鼓励孩子多读点书,带孩子去逛书店、书市、图书大厦选书买书……"

"孩子总是显得很幼稚,不爱看书。"

"咱们不能总是迁就她的幼稚,要帮助她长大,指导她选择一些有故事情节的文字书,如凡尔纳的《海底两万里》、《气球上的五星期》,或中国的一些小说……"

"她能看进去吗?"

"不要着急,每天先作为任务规定读上二十页、三十页,晚上您下班回来一边做饭一边让女儿讲讲今天书中看到的情节,哪怕只是三言两语,您也要表扬,鼓励她明天继续读。"

"好,我今天就带她上图书大厦,以后我也要多看书了。"

"多看书也许不会有立竿见影的效果,但会受益无穷,希望您今后能把带孩子逛商场改变为经常逛书市和书店,让孩子去感受那种文化氛围,去多了她就逐渐感兴趣了。"

这只是这段对话的一部分。当然我还为这位妈妈提了一些建议,家长也说了许多感谢的话,最后还表示"以后可能经常向您请教"等等。但是她所表达的"今天就带孩子去买书"和"以后我也要多看书"不就是一种对家庭教育的完善过程吗？但是这种完善的条件是家长有心（主动给我打电话），我有意（真心想帮助她）。

乍一看我前面表述的似乎都是学校的作用：延续，引申，补充，完善。恰恰相反，我要强调的是，学校的这些作用都是在家庭教育的基础上体现的，抛开学龄前的前期家庭教育不说，就是在孩子上学以后，家长如果继续采用不恰当的教育方法，如果不能很好地支持与配合学校工作，家庭教育与学校教育不能协调发展，形成合力，势必还会人为地给孩子的成长制造障碍。所以这就是我目前十分关注家校合作问题的原因。

走出家校合作的误区

"爸爸妈妈和老师，我知道你们的所谓合作是什么。这种合作几乎打我上小学就开始了。就是你们的合作，使我没有了属于自己的周末和闲暇时间。你们一直就合作得很紧密，特别是爸爸，不但天天守着我学习，还没事就往老师那里跑，数落我的种种不是，你们还要怎样更紧密地合作呢？如果家校合作仅仅是学校在家里的无限延长的话，我现在就声明'我反对这样的合作'。"

好一个叛逆的孩子！我也声明：我支持这位同学的想法。

这是《今日父母》杂志曾经做过的一个专题——关于家校合作。他们先期做了一些采访，上述的"叛逆言论"就是他们的采访对象江西高一学生赵××的心声与宣言。该杂志在2002年第12期以《从父子对垒看教育的水火之争》为主题，报道了15岁高中生赵××与其父亲在家校合作问题上的不同看法。详细内容我在这里不用描述了，单看看编辑们给配的两个标题就足以了解这两父子之间的矛盾与各自的心态了：一篇是《为了儿子我还能做些什么》，副标题——一个父亲的痛苦独白；另一篇是《我反对这样的合作》，副标题——一位苦恼孩子眼中的家长与学校。一位在"痛苦"，一位在"苦恼"，到底是谁出了问题？家长与学校之间应该是一种什么关系？怎样合作才能最有效地实现教育目标？围绕这一系列问题《今日父母》杂志又搞了有记者、学生、家长、老师参加的一系列座谈，很认真地坐下来探讨关于家校合作的意义、方法、效果及成败等问题。我参与了讨论并发表了看法，回来后有一种意犹未尽的感觉，许多想法当时表达得不够透彻，归纳成一句话就是：必须走出家校合作的误区。

误区一：家校合作目标不明确或不一致

"哪个当爹妈的不盼着自己的孩子好啊！"这是家长们常说的一句话；"哪个老师不希望自己的学生出色呀！"这也是老师们的心里所想。这样看起来好像目标绝对一致。相互配合应该不成问题。可实际情况却并不那么尽如人意。家长和老师之间互相埋怨、指责的事情时有发生。例如我知道一个学习非常不错的小男孩，有点"两耳不闻窗外事，一心只读圣贤书"的意思。由于在他学习方面比较省心，班主任老师更关注他在"做人"方面的一些不足，提醒他不要老迟到，要为集体做事，要学会关心他人等等，甚至有一次我在楼道里发生了眩晕，他回过头来问候了我一句"关老师您没事吧"？我就给他写了一封感谢信，表扬他学会关心人了，鼓励他做得更好。可是他的家长对这一切都不以为然，眼睛只盯着成绩，挑剔年轻老师的教学，埋怨学校不安排校车接送学生，甚至把家里的闹钟拨慢15分钟，为了让孩子多睡一会儿而迟到。像这位家长的种种做法，能说和学校的培养目标一致吗？

说到家校合作的目标，又得说是现今教育体制下的一种无奈，那就是聚焦于学生分数的家校合作，成功概率很低，即使一段时间家长、学校抓得很紧，配合不错，成绩一度上升，但往往很难保持住，因为"治标不治本"，只能给家长和老师一瞬间的欣喜。江西那位赵××同学满腹牢骚："语文老师没完没了地让我们分段写中心思想，我不明白，一篇好好的《荷塘月色》何以能读得如此支离破碎？这些东西实在用处不大，学也白学，还容易把人的正常逻辑搞乱。"就这种心态，老师和家长逼着他把《荷塘月色》背得滚瓜烂熟，就能提高语文成绩吗？这种"短期行为"、"现实主义"家校合作正在被家长和老师们实施着；数学老师让家长在孩子不及格的卷子上签字，化学老师让家长给孩子默写化学方程式，语文老师让家长看着孩子背《出师表》……每一科老师的目标都很明确——家长监督孩子提高我这一科的学习成绩。有些家长真是尽自己最大努力去"配合"老师，可惜第一能力有限，第二孩子未必听你的，跟孩子打着闹着"狠抓"了五科，可能也就一科成绩有点起色，于是这科老师高兴"你看家长抓了和不抓就是不一样"。其他几科老师就会埋怨："这家长不负责任，我也没办法。"我每每看到这种情况心里总会浮起"可怜天下父母心"、"可惜老师敬业情"的感叹，其实老师和家长很多时间是在做无用功，在一厢情愿地为实现自己的目标"鞠躬尽瘁",而孩子们的反应是怎样的呢,听一听这近乎冷酷的回答:"这段时间网上开始谈论'家校合作',近来爸爸也总说这件事,还说要和班主任及任课老师好好沟通沟通,研究一个使我'浪子回头'的方案。我觉得好笑,我本人既然提不起兴趣,你们还合作什么啊?也不问问我究竟是怎么想的,似乎完全与我无关。你们这样不把我的感受当一回事,就不怕到头来竹篮打水一场空吗?"——这是孩子的真实心声,而且很有代表性,不过是绝大多数孩子"不敢"坦露的心声罢了。

误区二:"家长陪读"就是合作

今天的家长真不容易,在自己的工作岗位打拼之余,有相当多的人,花费相当大的精力在孩子的学习上,花钱择校,请家教等不说,就是"陪读"——检查作业,亲自辅导,给孩子听写,额外加作业,甚至就坐在孩子旁边监督学习,也绝不在少数。以我刚刚送走的一个初中毕业班为例:全班49人,家庭环境相对宽松,不直接过问和干涉孩子学习的也就有四五个家庭,一一列举,值得思考:

孙逊,女,爸爸留日博士,孩子随父母在日本生活学习4年,有着良好的心理素质、良好的品格和良好的学习习惯。父母只把握大方向,教育方式民主化,孩子有很大的自主权。业余时间参加校田径队,爱读书,喜绘画,练书法,兴趣广泛。学生会竞选落榜,感到不公平,想去找校长理论,妈妈表态:你认为你这样做是对的,我就支持你。最后中考报志愿,也是充分尊重孩子的意愿。中考成绩482分，班级第四名。

王晓妍，女，知识分子家庭。从小游历过许多国家，兴趣广泛，业余时间骑马、打篮球、电脑绘画等。平时学习很轻松，除英语成绩优异外，其他各科中等水平。家长实行宽松管理，给孩子最大的自主权。只是在初三下半学期家长对成绩不满意才过问和监督了一下，中考475分，在班里排第八名。高于平时成绩，轻轻松松考上理想高中。

曹索米，男，爸爸中央电视台节目主编。妈妈是海淀区某高中英语教师。家长全部精力都在自己的事业上，完全无暇顾及孩子，连吃饭都经常是自己在饭馆解决，更不用说直接关心孩子的学习了。一切自主，一切自然，最大的爱好就是上网游戏或聊天，看起来似乎"不务正业"，但实际上该干什么心里比谁都明白。中考490分，班级排名第二，号称没考好。

郝志旭，男，与上面三位同学不同。他的父母不太为他学习操心的原因是这孩子省心。他智力平平，反应不算快，数理化相对费点劲，但凭借认真的态度和良好的习惯，语文外语有明显优势，从不用父母看着、逼着学习的郝志旭，凭借自己的实力，中考472分，班级第十三名，考上自己理想的高中，令许多所谓聪明的同学羡慕。

我掰着手指头数，据我掌握的情况，也就是这几位同学家长完全不"陪读"，可是成绩却相对理想，除此以外，我这个班还有45名同学的家长，或多或少在充当家庭教师、家庭陪练、家庭督导的角色，而且真有一部分家长不遗余力地按照老师的布置和要求在"帮助"孩子学习。除去每天例行的检查、听写、签字以外，懂外语的家长辅导外语，学化学的家长讲化学，数学遇到难题家长给解，居然还有家长是"全活儿"，什么都拿得起来，实在没这方面能力的家长或请家教，或买一堆课外习题逼着孩子多练。但中考结束后，我很不情愿地看到，这些在学习上花了家长大量心血和精力的孩子们，成绩却不尽如人意。

出现"陪读"误区的原因我想大概有三个：第一，家长望子成龙心切，都是独生子女，家长想的是尽自己最大的努力不留遗憾。第二，在今天的教育体制和教育环境下，中高考确确实实维系着一个孩子，甚至一个家庭的前途与命运，家长和老师也都是不得已而为之。第三，老师们在教育观念上有偏颇之处，对家长期望值过高，把学校教与学的矛盾转嫁给了家长是不尽合理的。这第三点我是最不愿意写的，唯恐引起同行们的不满，而且坦白地说我本人也是认识超前，行为滞后。作为班主任（我不是主科老师）我也在违心地给家长们增加压力。但是我不想回避这个问题，因为我们是搞教育的，应该要求自己在教育理念和教育方法上与时俱进，不断更新，不断进步。

在《今日父母》杂志组织的座谈会上，有一位家长表达了这样一个观点："开家长会把孩子在学校的表现通报一下，仅仅通报情况的意义究竟有多大？老师在上课现场都解决不了的问题，家长又能起多大的作用呢？家长在家里都解决不了的问题，老师又能有什么办法？"这番话虽然不能说就完全对，但也很直白地表达了对这种家校合作的不满意和不接受。据一位从英国回来的朋友讲，在英国学校，老师是不允许家长辅导孩子学习的，认为那是表示对学校、对老师的不信任。虽然国情不同，我们不能照搬别国的理念，但是我实在不能赞同每一位主科老师都给家长布置任务的做法。虽然老师们的理由很充足，一要提高成绩，二是学生不自觉，三，家长管一个孩子而我要管40多个孩子……也真可谓用心良苦。可是教学毕竟是我们的责任，没有理由让家长分担过多，另外实践证明效果也并不好。从小学到初中毕业9年时间，一直拿家长当"拐棍"，离开"陪读"就不会学习的孩子，都不会有良好的学习效果。

误区三：老师与家长联系=告状

我敢说，百分之百的学生最烦老师找家长告状。我是老师，但是在这个问题上我站在学生一边。也许有人马上会提出质疑：难道你能做到不给家长告状吗？不能，确实不能。如果一定用"告状"这个词的话，我对自己的要求是，要"告出水平，告出效果，不做无用功"。不妨举一例说明：这是《今日父母》杂志采访我以后做的一篇专题报道，题目是《合作方法最重要》。引言部分是这样写的："一项成功的家校合作，挽回了叛逆孩子张小雨。小雨的班主任如是说——"这位班主任就是我，我采用了"给孩子一个意料之外"的处理方式，成功地"告了一状"，成功地策划了一次家庭与学校的合作。

这是我接的一个初三班级。张小雨，女生，性格略显内向，不合群儿，看卡通漫画成瘾，所有零花钱都用在买书上，积攒了一大木箱卡通漫画书。上课看是家常便饭，学习成绩全班倒着数。前任班主任谈话、批评、没收均无效果，几乎就放弃了。我接班后她上课照看不误，我好言相劝无济于事。在即将召开我上任后的第一次家长会时，她交给我一封千余字的长信，信中痛斥我不懂新文化，不接受新时尚，说看卡通漫画是世界潮流，国外人人都在看，"我不追星，就是要看卡通漫画书"，并明确表示绝不会屈服。父母撕过、烧过她的书，并不止一次地打过她，但她发誓要看下去。信中她预言我一定会在家长会上告她的状，她等待着会后家里一场急风暴雨的来临，但不会让我看到满意的结果。拿着这封信，我犹如接到了一道"战表"，周围很多老师看后都被激怒了，我反而冷静了下来。因为我意识到她所谓的"预言"是揣摩了一般老师的心理和做法，她已经领教过了，于是我决定给她一个"意料之外"。

家长会后我留下她的父亲，通报了情况后，要求家长配合我，按我的方法去做：家长回到家里后不生气，不责备，表现出很高兴的样子——这就是第一个"意料之外"；然后告诉她关老师表扬你了，表扬你爱看书，不追星，这在今天的青少年中是比较少的——第二个"意料之外"；但是老师提出两个问题希望你认真考虑一下，第一你这样没有节制地看对学习有没有影响？如果觉得确实没有影响，你的学习就是这个水平了，那关老师支持你继续看下去——第三个"意料之外"；第二你上课看如果关老师不管，其他同学也上课看关老师该不该管？家长完全按照我的要求去说去做了，没有出现她所预料的急风暴雨，反而大大地触动了她。经过几乎一夜的思考，第二天她主动找到我，要求跟我谈谈。刚巧那一天是10月8日，是我儿子的15岁生日，因为在他14岁生日那天我一晚上走访了三个同学家，把儿子的生日给忘了，愧疚了一年就等着孩子15岁生日弥补呢，因此我婉言拒绝了她。没想到她也给了我一个意料之外——第二天是周日，她迫不及待地由父亲陪同打听着找到了我家，再一次要求和我交谈，并且表示如果谈好了，她立即去理发馆把很怪异的发型剪掉，要重新做人。我揽着她的肩膀，首先感谢她对我的信任，对昨天没和她谈表示歉意，然后我们推心置腹谈了很久。第二天的小雨，头发剪短了，把一箱子书锁起来了，上课认真听讲了，学习成绩直线上升，期中考试从全班倒数提高到25名，期末又提高到22名。用她的话说："您这种对待学生的方式，让我无法再顽抗，我只能投降，但我输得心服口服。"

这个案例应该算是一次成功的家校合作吧，这种成功的体验我还有很多很多。你说我告状没有？显然是告了。但我的"告状"是以理智为前提，以解决根本问题为目的，而不是就事论事，更不是推给家长帮我解决"在课堂上看课外书"的问题，课堂上老师都三番五次解决不了的问题家长又能如何呢？

我上班的路上要经过两所小学，几乎每天都能看到这样的画面：爸爸或妈妈骑车带着孩子，一边走一边嘱咐"上课好好听讲啊"，"课堂上可别玩啊！"有些开车送孩子上学的家长，在孩子下车关门的那一瞬间也不忘叮嘱一句"上课要专心啊"，"今天别被老师留下，我准时来接你啊"。每每听到这些话，再看看孩子那心不在焉、习以为常、似听非听的表情，我就特别想提醒老师们，哪个家长不希望自己的孩子好啊？孩子有什么样的毛病其实家长心里都清楚，尤其是经过小学六年"千锤百炼"的孩子，到了中学孩子有哪些优势，哪些劣势；有什么样的好习惯，有什么样的坏毛病，家长心里都跟明镜似的。别看家长向老师介绍自己的孩子时主要说优点，缺点轻描淡写一带而过，那一来是家长爱面子，希望自己的孩子能给老师留下好印象，让老师"善待"自己的孩子；二来也寄希望于孩子长大了，懂事了，旧有的不良行为随着走进中学就丢弃了，改掉了。至于谁的孩子上课爱说话，谁的孩子偏科，谁的孩子不爱完成作业，谁的孩子有撒谎的恶习，谁的孩子粗心大意，谁的孩子放学不爱回家……谁知道，家长还指望着老师帮他孩子纠正这让他"伤透了心"的坏毛病呢！

孩子们说"老师找家长是无能的表现"，话虽尖刻且不公平。但是如果找家长单纯就是为了告状，岂不等于承认"自己没有能力解决问题"而转嫁给家长了吗？孩子说咱们"无能"也不算太冤枉吧！

让家长把孩子训一通甚至打一顿，给老师出出气的做法千万要不得。老师们尤其有必要明确一点：靠家长压服最多维持到小学结束，随着上中学，进入青春期，家长逐渐就会败下阵来。给孩子冠以"逆反"两个字，其实言外之意就是"不听话了"，"管不住了"。中央电视台《实话实说》有一期节目的题目就叫《我拿孩子没办法》，道出了众多家长的无奈。

家校形成合力，共同探索孩子们的内心世界

首先应该肯定的是，为了孩子的健康成长，家庭与学校、家长与老师确实有合作的必要，这也是我从教多年的切身体会。尤其是近几年，随着社会的开放，纷繁复杂的社会现象和纷沓而至的大量信息在刺激着孩子们的感官，同时也对孩子们的心理、思维、情绪、行为等起着影响和干扰的作用。"孩子们到底在想什么"越来越成为一个谜，使老师们不解，令家长们困惑。在这种情况下，家校之间的合作尤为重要，需要双方形成一种合力，共同去探索孩子们的内心世界，有的放矢地寻求孩子们能够接受的教育方法，这也是家

校合作的首要目的。不要急功近利，不要奢望家长和老师一合作孩子的学习成绩就提高了多少，甚至就成了"才"。**家长在与学校的合作中学会教育，老师在与家长的交流中不断修正自己的教育方法和提高教育能力，形成一种高质量的合力，这样的家校合作才有生命力。**

我对家校合作的研究仅仅是刚刚开了个头，没有理论上的深刻认识，只是在实践中摸索出一些比较具体的、具有可操作性的方法和经验之谈，供家长和老师们参考。

"家校合作应该由学校牵头来搞，因为家长是分散的，缺乏号召力的，学校才有力量来组织这件事。另外，家长也可以积极地行动起来，不要什么都等着学校来做，如果学校不做呢？耽误的还是我们自己的孩子。"这是一位家长在一次座谈会上的发言。我当时在场，她说的"由学校牵头"指的是开办家长学校，表达了家长对这种家校合作方式的认可和期盼，这也是在新的教育形势下对学校工作提出的新的、更高的要求。

从学校和老师的角度来说，传统上的家校合作一般包括三大块，即家访、家长会和请家长。这三种形式我认为不能摒弃，仍然要坚持，但应该赋予它们全新的意义和更丰富的内容。

 **先说家访**

在27年的班主任生涯中，我始终坚持进行家访，而且在做的同时家访目的越来越清晰，越来越明确。就在前不久的新初一班主任会上，作为年级组长我要求老师们利用暑假家访，并特别强

调了家访目的：第一了解孩子，拉近与学生感情上的距离，使学生愿意亲近你；第二了解家长，了解学生的家庭氛围，向家长传递沟通与交流的信息。第一个目的如果通过家访实现了，就会为建立良好的师生关系打下基础，所以我教给年轻老师们：到学生家一定不要摆出"老师家访"的架式，而是"朋友串门"，要自然、亲切，以关心和鼓励的语言为主，甚至一些细微的动作都要注意到，比如让学生近距离地跟自己坐在一起，到学生房间参观一下他的小天地。不要时间很长，半个多小时足以让孩子感到一份惊喜。而通过和家长的简单交谈，一般也能够对家长的性格、文化素养、教育能力以及孩子成长的小环境有个初步的印象和了解，对于今后如何与家长去协调和沟通有一个前期的思想准备。

  家访是一门艺术。曾经有44中学生王×的母亲通过我的学生家长找到了我，诉说孩子的种种不是，感觉实在没办法了，"慕名而来，请关老师到我家跟孩子谈谈"。看着这位无助的母亲，我无法拒绝。简单了解了一下情况，听到一个细节是"他特别烦老师"，我心中有数了，于是嘱咐家长"进你家门后不要介绍我，开场白我自己来"。下午6点多钟，王×家长把我们接到他家，打开房门妈妈一句"王×，来客人了"，孩子从自己的房间走出来，我故做惊异地说："呵，你也有个儿子呀？我还以为你的是个女儿呢！太好了，别看我有个儿子了，还是一看见男孩就高兴。"然后我握住他的手，上下打量他"嗬，这么高，好标致的小伙子。来，陪阿姨坐会儿"。于是他很自然地坐在我身边跟我聊了起来。他一进入角色，完全没有戒心了，也就被我引进了主题：在哪儿上学，几年级，喜欢什么课，不喜欢哪位老师，为什么厌学……我对他有鼓励、有赞扬，也有批评、有指导，谈的十分融洽。在这期间他也知道我是老师了。不知不觉中快8点了，他主动提出"咱们请关老师一块儿吃饭吧"。为了能和他继续"套近乎"，我也就顺水推舟了。到10点多钟我离开他家时，他一直把我送下楼，他妈妈不由得问他："王×，你可从来不送客人的，今天这是怎么了，居然送关老师下楼。"孩子回答："我根本没觉得是老师，就像我的同学来了一样。"——这就是艺术性家访的效果。

我在前面提到的陈飞同学，就由一次家访得出了"关老师最了解我"的结论，以后就处处听我的；另一位认为："我是女孩儿爸爸不喜欢我"的同学，由我的一次家访纠正了爸爸妈妈的偏见，缓解了与女儿的矛盾。2001年暑假，我去张思宇家家访，家长高兴地到处宣传："我们选这个学校选对了，班主任都50多岁了，还来家访，太负责任了。"去王玮家，不但爸爸妈妈、爷爷奶奶迎出来，还当做一件特大喜讯通知了家委会，连家委会主任都一起迎出来了，因为"小学六年老师从没来过，现在家访的老师太少了"。这些心存感激的家长，在日后的工作中都给予了我极大的配合。

家访成为我所在的北英中学的保留传统，老师付出了，也得到了回报，尝到了甜头。我校的杨春燕老师，家住八大处，2001年接新班后，为了家访经常带着上初二的儿子住在学校简陋的宿舍里，不出一个学期，杨老师走访了全班40多个学生的家，一来杨老师的敬业精神感动了家长，二来通过家访，师生之间建立了感情。三年来尽管孩子们处于青春期，思想、情绪有这样那样的变化和波动，但孩子们对杨老师的那份情没变。绝大多数家长对杨老师工作的支持与配合一直坚持到孩子们毕业。这样的家校合作是不是应该提倡？

 再说家长会

作为传统的家校合作方式,主动权掌握在学校和老师手里,而且不用规定也无须提倡,或多或少总是要开的,内容一般不外乎班主任汇报班级情况,表扬好的,批评差的,这个批评还会连带上家长。然后主科老师轮流上讲台,根据自己所教这一科的情况,进行总结、表扬、批评,再加上"家长应该如何抓好这一科"的指导。会后还会再留下几个"问题学生"的家长再谈学生的问题。在一次开完家长会后,我曾经写过一首打油诗用来自嘲:

家长,忐忑不安。

学生,提心吊胆。

家长,语重心长恳谈。

孩子,表面点头称是

其实一肚子怨言。

会后过不了三天。

一切烟消云散,

又回到了从前。

这种老套路的家长会看起来老师和家长进行了一次密切合作,但意义真的不是很大。我曾经试图从我做起,使家长会有所改变。首先在时间上学校好像形成了一个不成文的规定,即在每学期的期中考试后,成绩、排名都出来了再开家长会。显然目的就是向家长报告和分析考试成绩。对此我不能赞同,因为考完了,报成绩不是目的。分析成败原因是老师和学生应该认真去做的一件事,

向家长汇报意义不大。我主张家长会改在期中、期末考试前开，把考后报分变为考前动员，让家长知道孩子要考试了。给孩子创造良好的复习环境，帮助孩子合理安排时间，鼓励孩子建立竞争意识，争取考出水平，取得理想成绩。至于考试结束后想让家长了解孩子的真实成绩（其实只有少部分同学需要老师告知），就完全没有必要再用开家长会的形式了。作为普通班主任，我没有决定权，1998年我鼓动高一年级组长按我的想法做了一次改变，学生反映良好，说"考前开没什么压力，不用那么胆战心惊了"，家长也感觉不错，说变被动为主动，考前能抓一抓，心中有数了。2001年我当年级组长后又搞了一次，但"习惯势力"使我无法再坚持下去。看起来仅仅是个开家长会的时间问题，其实反映的是一种教育理念。其次，我给我的学生们一种承诺：家长会上不告状，不点名批评，更不责备家长，有什么问题下来个别交流；我对家长们提了个要求，家长会后回到家里，不发火，不骂人，以鼓励为主，进行心与心的沟通。我这样做的宗旨一不让家长恐惧家长会，给家长留面子；二不让学生反感家长会，造成师生间的隔阂。但是不管怎么说，家长会这种家教合作的方式对学生、对家长似乎都不是一件愉快的事。因此从学校、老师这一方面来说，怎样开家长会？采用哪些形式？如何发挥家长会的最佳效益？都是需要我们去探讨的问题。

我手中的座谈会记要中有几个发言。

一位家长说："我孩子的学校开设了家长学校，由校医给我们这些当家长的人讲课，怎样帮孩子度过困惑的青春期。"我觉得这种形式就是进步。

另一位家长则表示:"现在的家长学校是一种好的形式。但内容太单调了,都是关于青春期教育的。青春期问题只是孩子诸多问题中的一部分。家长学校的内容是不是可以更广泛一些?是不是可以像香港一些中学那样,由学校组织一些学校之间的活动?比如组织问题类似的学生的家长一起开专题讨论会,或者组织一些家长交流教子经验。我很希望能向一些特别会教孩子的家长取取经。"

一位在座的老师马上回应:"除了家长学校,我们学校最近在探索一种'小型家长会',就是刚才那位家长说的,把问题类似的学生家长聚集起来。目前看来家长对这种形式的家长会还是比较认可的。"

听了上面三位家长和老师的发言,首先我们应该感到欣慰的是,家校双方都希望合作,重视合作,出发点相同,目标基本一致,只要在方法上、手段上不断探索,不断创新,合作的空间很大,合作的前景看好。但我在这里还要是替孩子们呼吁一下:无论何种方式的家校合作,都要把孩子的感受考虑进去,大人们合作得再好,孩子如果不接受也等于零,千万不可以形成两伙大人对付一个孩子的阵势,本来青春期就正逆反着呢,一旦让孩子感觉到老师和家长联合起来就为"管"我、"治"我,那就可能产生"物极必反"的效果。所以,"家校合作"必须是老师、家长、学生三方平等的对话。

 **最后说说请家长**

这也是有中国特色的一种传统家校合作方式。小学老师经常是采用放学后把学生留下(我上小学时,哪个同学被老师"留下了",

那可是一种很严厉的惩罚），家长来接孩子时给孩子告上一状的方法。高中老师就理智多了，请家长到学校来的比较少，问题实在太多了，老师忍无可忍了，顶多给家长打个电话通报一下情况而已，因为老师们明白这么大的孩子家长已经左右不了了。"请家长"利用率最高的就是初中老师。初一到初三，年龄13～15岁，青春期正萌动着呢，真可谓"多事之秋"。也真够难为这些初中老师的，求着学，哄着学，压着学，斗智斗勇，软硬兼施，实在没法子了——找家长。上课说话，找家长；男女之间传纸条，找家长；不完成作业，找家长；考试作弊了，找家长；甚至哪篇古文没默下来，找家长……真累！家长累，老师也累，关键是大家累了半天有什么效果，没效果那不就是一个"败招"吗？既然是"败招"老师们为什么不能想办法改良一下，修正一下，有点新意呢？这种头疼医头脚疼医脚的办法，治标不治本。我有时真替那些怒气冲冲地喊着"把你家长找来"的同行们着急。

家长要不要找？要，但调整一下策略，可能事半功倍。举一例：在第一章里我曾写过我的一个得意门生王海洋。尽管他十分优秀，但高中期间也时不时犯点孩子们惯犯的小错误。有一段时间他经常在作业上偷懒，今天做题缺步骤，明天少交一样作业，后天作业放家忘带了。有那么三四次以后，我意识到他在放松自己。我不但要让他家长了解这种现状，还要联合起来敲打他一下。于是在一次他说把物理作业忘在家里了，我没动声色，悄悄给他妈妈打了一个电话，首先说了一下王海洋近期表现，本着"响鼓也要重锤敲"的原则，我请求他妈妈配合我。因为知道他妈妈就在所住部队大院门诊部工作，时间上有一定弹性，所以就请他妈妈专程给儿子来送一次作业，一来借机教育王海洋，二来"杀一儆百"，给其他同学提个醒。商定好后我回到教室，一脸严肃地向同学们宣布："最近老有同学忘带作业，从安全考虑，我也不能让你们回家取，从今天开始咱们实施一个新的办法，谁忘带作业我就打电话让家长来送，你们不心疼你们的爸爸妈妈，不怕影响他们的工作，我也就顾不了那么多了。今天就拿王海洋开刀，我已经通知了他妈妈，九点半课间操时送到。"同学们一个个面面相觑，王海洋更无地自容。我至今忘不了当天那一幕，王海洋妈妈骑车来到学校，巧的是那天风特别大，我们三个人面对面站在办公室，一米八的王海洋低着头，满脸流汗，他妈妈借机会教育了他一顿。王海洋是一个特别孝敬父母的孩子，从那一刻起，他真的把教训铭刻在心，再没有犯过类似的错误，其他同学也在相当长一段时间里不说忘带作业了。就这件事来说，我既请了家长，又告了状，但是从最终效果来看，这个家长请的值，应该也是一次成功的家校合作。

  请家长，作为负责任的老师与家长联系、沟通的一种手段，本身并无过错。但是我想应该注意这样三点：一要明确目的，为了什么事、请家长要达到什么目的，是不是能够收到预期效果，老师都先要想清楚，免得劳心伤神，生一肚子气，还不见得解决问题。我就经常听到一些任课老师给班主任下指令："把你们班×××家长找来，上课不听讲，也不知道在底下干什么呢！"或者"叫××家长来一趟，他孩子要再不好好完成作业我就不管他了"。像这种老师"一气之下"做出的请家长决定往往是徒劳的，学生上课在干什么连讲台上的老师都不清楚，家长又怎么能知道呢？至于说"不管了"，怎么可能呢，越是这些嘴里说着气话，追着找家长的老师，责任心才越强，根本不可能放弃一个学生，所以这样即使把家长请来了，也达不到目的。要换一种思维方式，把请家长、给家长打电话这种沟通不要仅仅局限在孩子有了错误之后。孩子有进步了，给家长报个喜讯；学习优秀或某一方面表现突出的孩子，把家长请来介绍介绍经验；召集三五位家长座谈一下，听一听孩子们的心声及家长的建议；即使孩子的错误必须告知家长，也不要一告了之，而是指导家长如何帮助和教育孩子。总之，不要把"请家长"这种善意的举动搞得那么沉重，让孩子惧怕，让家长不安，这不过是老师与家长之间一种平等的沟通与交流。

　　从学校和老师角度谈家校合作，除去传统的家访、家长会、请家长等方式外，随着教育形式的发展，教育环境的变化，也需要不断推陈出新。默守陈规是行不通的，人人都会从青春走过，但"青春期"的概念却是近些年的时尚语、新事物，其实说白了，对于我们这些当老师的人来说，"青春期"教育就是摆在我们眼前的一道难题，是对我们教育水平的考验，总不能败下阵来吧。在实践中要不断摸索，不断寻求更适合孩子们年龄特点的教育方法，我们责无旁贷。

　　家校合作是双方的，是一种互动的过程。学校、老师正在投入越来越大的热情和精力在做这件工作。作为互动的另一方——家长，据我所知也有合作的愿望，甚至有许多家长为孩子的培养和教育真是不遗余力。但是显然效果并不怎么令人满意，否则就不会引出"青春期遇上了更年期"的话题了。其实被扣上"更年期"帽子的家长们也很苦恼，现在都是一个"宝贝儿"，对于每一个家庭来说教育子女的成功与失败都是百分之百，谁也不愿留下遗憾。

就在最近我接到一位家长的电话。在电话里这位家长自责和懊悔溢于言表：女儿中考成绩不理想，被一所不太中意的高中录取，如果家长提前活动一下，可以在择校政策许可范围内，花3万元重新选择一个相对理想的学校，但是由于家长动作迟了一步，错过了机会。孩子自知"理亏"，虽然郁闷但也无可指责，妈妈可就受不了了，电话中一再表示对不起孩子，没有尽最大努力去为孩子争取好的学习环境，甚至担心有可能给孩子造成终身遗憾。我虽然也开导、安慰了一番，但我知道，任何语言也抹不掉家长心中对孩子的这份"歉意"。

其实家长真的欠孩子什么吗？我的回答是：欠，也不欠。不欠的是对孩子的那份情、那份爱，那份成长中的关心，那份生活中的给予。尤其是城市中的家长们，用他们的付出淋漓尽致地向孩子倾注自己的爱，得到的回答却是："妈妈，您的爱我受不了"，"我最怕看妈妈的眼神，她的眼神里期望太多了，爸妈的爱让我不快乐"。就是现在生活在大城市最底层的农民工们，他们用身体和生命挣下的每一个铜板积攒下来，为的是"回家盖房子，给儿子娶媳妇"，可是就在他们为儿子的将来创造和积攒财富的时候，他们还未成年的儿子却辍学，不再接受正常的教育，你难道能说这不是父母对子女的爱吗？所以我说为人父母，或者作为家长在对待子女的"爱"上不但不欠，而且只多不少。但是家长们欠的是正确的教育理念、理智的教育方法和恰当的教育手段——这恰恰是今天家庭教育的软肋，因此才不堪一击，因此才屡战屡败，因此才不被孩子们接受。

著名儿童教育家孙云晓在北京电视台家庭教育论坛上引用孩

子们的话，把父母们称为"菜鸟"，据说是港台的舶来语，意思就是在网络方面的"笨蛋"、"白痴"、"什么都不懂"，而自称为"老鸟"，现在的情况是"菜鸟在教育老鸟"，而且是用传统的方式，一厢情愿地教育，"老鸟"们能服气吗？不服气又怎么能接受呢？现在许多教育方面的专家都在大声疾呼"家长要学习教育"，"教育孩子先要教育家长"，"教者应修身"，这种呼吁和提倡无疑是个好势头，绝大多数家长一定会接受，但是据我了解，家长们最迫切需要的答案就是："我该做什么？我该怎么做？"这个话题很广泛，需要从多方面、多角度来回答，我仅从家校合作这一点出发，谈谈我的看法。

家长要充分认识与学校、老师良好合作的现实意义。我在多年的教育生涯中确确实实有不少得意之作，培养出了一批像王海洋、张思宇这样的好孩子，转变了一些某一方面略有欠缺的所谓"问题学生"，家长们总爱在人前表达这样一种意思："碰上关老师是我们孩子的幸运"，或者"这孩子亏了遇上了关老师"。每当这时我定会给家长纠正："没有您的配合是不可能成功的，家长功不可没。"的确是这样，不是家长与我达成共识，没有家长的精诚合作，单枪匹马的我再有本事也未必就能取得良好的效果。同样道理，家长的心气儿再高，单枪匹马也难随心愿。既然家校目标是一致的，而老师又是专职的教育工作者，教育水平无论如何也应该高出家长一筹。家长如果能够做到主动沟通，虚心求助，善于协调，合理配合，真正形成教育合力，才能助孩子健康成长一臂之力。可惜的是很多家长对这个问题认识不够充分，把学校教育与家庭教育割裂开来，形成几种错误认识。

其一：我为孩子选择了好学校，已经尽到了责任，剩下的教育问题就给学校和老师了。这是一种推卸责任的做法，上了好学校并不是绝对进了保险箱，清华、北大学子照样有违法犯罪的事情发生。持这种观点的往往是事业有成、工作繁忙，有一定经济实力的家长。孩子上了三年初中，没开过家长会，不知孩子老师姓什么，不知道自己孩子在几班，初中毕业没考好，再花高价钱上高中——这样的家长我见过不少。

其二：有的家长很自谦，认为自己不懂教育，甚至文化程度不高，也辅导不了孩子，只能拜托老师了。这些家长的着眼点只在孩子的"功课"上，认为自己无能为力，帮不上忙，所以客观上放弃了与学校的积极合作。

其三：不好意思打搅老师。这样的家长还真挺多。心里特别想跟老师取得联系，想了解孩子在校表现及学习状况，或者发现孩子有问题了想求助于老师，让老师给支支招，但是犹豫再三，"算了吧，别给老师找麻烦了"，有的家长还十分"通情达理"地表示"我这一个孩子都这么费劲，人家老师管四十多个呢，别给老师添乱了"。殊不知您的这种好心有时候还真耽误事，失去教育孩子的最佳时机。另外也可以说明家长们有时真不太了解老师们的心，只要对孩子有好处，能帮助孩子进步，大多数老师对自己的付出是无怨无悔的。我们北英中学逯广芬老师初三年级接手一个底子薄弱一些的班级后，为了改变班级面貌主动征得家长们的配合，除家访、家长会外，为全班48个学生每人建立一个联系本，该表扬的、该批评的；学校有什么重要通知；每一次单元测验的成绩等等，根据学生的不同情况，或多写或少写，反正每天都要逐一落实。

学校本无这方面的要求，逯老师自己给自己加大了工作量。

家校合作并不是中国的创新，世界上许多国家对这个问题也有不同程度的关注。美国早在1900年就建立了"家长教师协会"，1993年第25届盖勒普民意调查发现，教师们普遍认为"如果家长积极参与其孩子的教育，学生在校表现可能更出色"。但是中国的教育国情中有非常突出的一点，就是家长对孩子的期望值太高，这就决定了家校合作在中国更具有现实意义。所以家长们要充分认识这一点，力戒浮躁，脚踏实地地、真心实意地和学校、和老师携起手来，直面孩子们成长过程中的一个个难题，相信1+1＞1：1。

提高自身素质，取得教育孩子的资格

从中国传统观念来看，孩子是我生我养的，就该我来教育，还用取得什么教育资格，不是有点荒唐了吗？这话听起来也在理，中国古代《三字经》里不是就有"养不教，父之过"的观点吗？我国法律也规定："父母有抚养教育子女的义务。"家长承担教育孩子的责任既天经地义又责无旁贷，谁也不能够剥夺。现在的问题在于时代在发展，社会在变迁，家长对孩子的期望值在提升。孩子们在社会各种思潮影响下，思维活跃，完全没有了"君臣父子"观念的束缚。在这种情况下，那种传统的"我说你听，我管你服，我打你怕"的教育被孩子们嗤之以鼻，而且还不仅仅限于"不予理睬"，还要加上各种形式的反抗，也就是今天所说的"逆反"。孩子们称家长为"菜鸟"、"更年期"就反映了他们既藐视又无奈的一种心理。面对此情此景，家长们急于想知道"怎么办"，我就不断接到家长这样的询问:"孩子什么也不跟我说,怎么办?""关上门不让我进他的房间,我不知道他一晚上到底在干什么,怎么办?""我一开口他就烦,摔门就走,怎么办?""拿起电话最少半个小时,也不让我听,怎么办?""放学不爱回家怎么办?""考试成绩不告诉家长怎么办?"……家长们的怎么办太多太多了,真可以编一本"家庭教育的N个怎么办"了,而且可能还真有人敢一一写出答案来给家长们"救急"。

但我要负责任地告诉家长们,家庭教育没有包治百病的灵丹妙药,问题既然已经出现,"治病"就不能急于求成,中国有句古话叫"病去如抽丝"嘛。老师也好,专家也罢,针对您的"怎么办"绝不可能"药到病除",收到立竿见影的效果。我在接受家长的咨询或求助时,只能给家长一些建议,一些尝试,家长能认真按我的要求去做了,也许会见到一点点的效果,但我认为也只是"头疼医头,脚疼医脚",孩子青春期综合征的病根儿未必能治愈,这也是我要提醒家长们的第二个问题:家长们的思路有误,都把"怎么办"作为待解难题,却不追问一下为什么,孩子为什么会这样?病根儿您找到了吗?社会影响、青春期生理、心理变化自然是"发病"的重要原因,但同处青春期,有些孩子为什么就没有那么强烈的逆反,没有给家长造成多大的困惑,而能顺利度过青春期呢?我坦言相告,就是由于家长的自身素质、教育理念、教育水平造成的。换句话说,孩子的问题在很大程度上是受了您潜移默化的影响和不得当的教育,家长们望子成龙的期盼,急于求成的心态,急功近利的方法和手段,有时真是"好心办坏事","欲速则不达",甚至是"物激必反"。所以今天的家庭教育绝非易事,不是谁都能教育出好孩子的，想当个好家长，希望孩子从自己手里走向成功，必须首先提高自身素质，提高自己的教育资质。专家们提出的"要教育孩子先教育家长"的观点我特别赞同，一来增加家长对孩子的正面影响，减少负面影响，二来家长掌握和接受新的既符合时代要求又切合孩子实际的教育思想，才可能提高教子成功率。具体来讲，我给家长们建议就是：

 **要学习**

家长们要从百忙中抽出时间关注、关心中国甚至世界的教育动态。教育在任何国家都是一个不可忽视的重要话题。越是解决了温饱、经济迅猛发展的国家，儿童教育、国民教育越显得格外的重要。我们国家就正处在这样一个经济复苏与上升期，所以对下一代的教育问题就越发突显出它的重大和深远意义。也许由于我从事的是教育工作，所以对教育方面的信息反应十分敏感。我欣喜地感受到了国家、社会、媒体、舆论、学校、家庭方方面面对教育、对青少年教育，尤其对青春期教育的极大关注。中共中央国务院发出了《关于进一步加强和改进未成年人思想道德建设的若干意见》后，全社会都给予了积极的响应，电台、电视台关于青少年教育的专题节目比比皆是，报刊、杂志对青少年的动态报道非常及时，孙云晓、卢勤、周歧、王宏甲等专家们全身心地用出书、讲座等各种方式来点拨和指导家长们学会教育。这一切，作为家长您都注意到了吗？过去一说教育是科学、是学问、是艺

术，就被人理解为是指学校教育说的，今天我就更直白地告诉家长：教育自己的儿子、自己的女儿也同样大有学问，也同样有艺术性，不学习就跟不上形势，不学习就掌握不了正确的教育方法，不学习您的儿子女儿也许就被您耽误了。

 **要接受**

接受现实，接受新的教育理念。

首先说接受现实。对于家长来说，目前最大的现实就是与孩子们有了"代沟"，理解不了孩子们的所想、所做、所为，不明白到底是孩子出了问题还是自己出了问题。其实在我看来，就绝大多数孩子来讲，并没出什么大不了的问题。在物质生活和文化生活如此丰富的今天，在社会透明度越来越高的信息社会里，孩子们的思维、表现是在追求与社会发展的同步，他们青春期的反应强烈，是因为他们不受传统观念的禁锢，敢于表现。家长们如果扪心自问的话，我们这些"过来人"难道没经历过青春期的困扰吗？虽然"青春期"概念被提出和大量使用是近十几年的事，可是毕竟是生理和心理在这个年龄段的特殊变化，即使没有青春期的说法，它也是个客观存在。

坦白地讲，我在12~20岁之间就曾有过青春期的躁动（这本是我埋藏在心灵深处的美好的回忆，为了点醒家长们，只好把这羞于启齿的小秘密公布于众）。最初是在上小学六年级时，心里特别喜欢同班男生，我们俩学习成绩都名列前茅，是老师、同学公认

第四章　家校合作是教育的重要环节

的好学生，同窗六年，前五年没有什么感觉，不知怎么小学毕业前那一段就开始关注他，想接近他。我们当时上学是"二部制"，就是半天上课，半天家住比较近的四五个同学组成学习小组，到一个同学家里去写作业。我就愿意和他分在一个小组，记得有一次老师为了让我俩分别帮助一些同学，要求我们分别插到两个小组里去，我可不高兴了好几天呢。现在回想起来不就是青春期性心理的变化吗。可是小学毕业后分别考上了不同的中学，时间长了渐渐也就淡忘了，至今已是杳无音信。

第二段回忆是在17岁到山西插队后，回北京探亲时见到了曾经既是邻居又是小学同学，从小的朋友，他在海军某部队当兵，我们有几年没见了，他小时候个子就高，这时候已经有一米八了，穿一身军装，很英武。这次见面我心中有了一种异样的感觉，他约我在劳动人民文化宫礼堂看了电影，朝鲜片《看不见的战线》。当时的感觉是既兴奋又忐忑，生怕被熟人看见，有一种负罪感，甚至怕他再约我，匆匆"逃离"了北京。以后我们也逐渐失去了联系，但却在我心中留下了一段美好的回忆。

然后就是插队期间，我们是北京女三中的5个女生和十三中的7个男生在一个村子插队，一起吃饭，一块儿干活，朝夕相处，那时候快20岁了，对某些男同学由好感到产生想法，应该也是正常的，但仅仅是想法而已，直到今天，我们各自有了自己的家，但我们仍旧是最真挚的朋友，相互间都有着一份牵挂。

我的故事讲完了。说真的，50多岁的我第一次公开披露我这些人生经历中的小插曲，还确实先鼓了鼓勇气，但是当我写出来后却产生了两种突出的感觉，第一个感觉是美好、甜蜜，这种回忆原来是一种享受，好像突然间意识到"我也从青春期走过"。第二种感觉是青春期的心灵躁动是如此正常，如此平常又如此美妙，我相信我不是"个别"，不是"另类"，我相信现在正在为孩子的青春期而困惑的爸爸妈妈们，在绝大多数人的心灵深处也为自己曾经有过的青春期保留着一个小小的角落。学学我，把它挖掘出来仔细地品味一下，一定有助于你对孩子的理解和接受。能够平心静气地接受今天的孩子们，尤其是当老师既神秘又气愤地告诉您"您的孩子和某异性同学好"的时候，您能够冷静地、心平气和地面对现实，才不至于人为地扩大和孩子的间距，与孩子感情间距越短，才越有机会走进孩子心中，也就越能寻求到解决问题的途径和办法，接受利于疏导，而拒绝是自设障碍。

再说接受新的教育理念。从哲学上来讲，思想、理念属于意识范畴，要源于客观实际。中国封建社会的"父为子纲"、"棒打出孝子"显然不符合今天社会发展的实际了，更新教育观念是为人师、为人父、为人母者的当务之急，传统观念不可全弃，但固守传统也行不通，有许多家长自认为"我已经够民主了"，"我已经很宽松了"，但是殊不知没有正确的教育思想、教育理念做指导，所谓民主、所谓宽松反而成了无原则的溺爱。中央电视台《实话实说》节目——手、足、情，说的是某大学老师给学生留的暑假作业是回去给父母洗脚。首先我认为这个创意是好的，因为父母们经常在抱怨孩子不懂亲情，不体谅父母，不会关心他人，这不是给孩子们一个纠正自我的机会吗？真去做了的孩子很有感触，可是在演播室现场就有家长不屑地表示："洗哪门子脚啊？有那时间让他学习，写作业好不好！"我很为这样的家长悲哀，看起来

第四章　家校合作是教育的重要环节

为子女的这种"无私"其实内含着潜在的危险，马家爵人性中的残忍就源于他心中只有自我，没有友情——否则就下不了毒手，没有亲情——不考虑含辛茹苦把自己养大的父母双亲。所以孝道本是中国人的传统美德，现在却要当做一种新理念来弘扬了。

　　在现代教育理念中特别强调"平等"和"欣赏"。"平等"显然是对中国传统教育的挑战，讲的是孩子与师长在人格上的平等，这种观念是现代的，是进步的，是正确的，是绝对应该提倡的。无论作为老师还是家长，那种居高临下地管教孩子的方式确实应该摈弃，但如何理解"平等"二字的内涵却是我们在接受的过程中需要认真思考和探讨的，如果把这种教育理念表面化，形式化了，不见得有好的效果。我就曾亲耳听到学生的议论："还说和老师平等呢，她们能穿高跟鞋，不让我们穿，他们能换着样穿衣服，我们只能穿校服……"这就是孩子对平等的理解。有的家长在孩子面前低声下气，无原则地迁就，自称已经"丢掉了父母的尊严"，这也叫平等吗？据说有的学校提出"和学生谈话请学生先坐下"、"上课迟到了不用喊报告进教室"，从形式上来讲这些都不能算错，但这样的做法就能真正体现对学生人格的尊重吗？我看未必。

　　雅典奥运会网球金牌得主孙甜甜的妈妈说："别人家都是父母骑自行车带着孩子，我不这样，甜甜8岁以前我总喜欢骑着自行车，让她在后面撒丫子跑，我问她累不累，她说不累。"这位"狠心"的母亲为培养孙甜甜的奔跑速度打下了最早的基础。你能说这对母女不平等吗？能说妈妈对女儿不尊重吗？

　　所以教育上的平等、尊重，需要我们这些育人者用心去体验，懂得它的真谛才能实现教育者和被教育者之间真正意义上的平等。

"欣赏教育"是当今教育专家们在极力宣传和推广的一种教育理念。我不记得哪位专家说的了,"中国的家长,食指特别发达,总是用食指指点、指责、指挥着孩子,而西方一些国家的父母,拇指总是特别发达,经常是伸出拇指赞扬孩子"。我真佩服最早发现问题、指出这种观点的人!实在是太逼真太形象了。我给许多家长传达这个看法时,家长都非常认可,承认自己即使手的食指没有伸出来,脑子里、意识中的食指也在充分发挥着同样的功能。要说从家长的心态来讲,谁不愿意夸自己的孩子啊?可是有的是"没的夸",有的是"不敢夸"。据我分析,说"没的夸"的一来不会发现孩子的闪光点,二来对孩子要求太苛刻;"不敢夸"的是不了解孩子的心态,夸大了批评、指责的作用。

我很赞同欣赏教育,但认为有三点值得注意。一是欣赏孩子的什么,家长要有正确的人生观做指导。否则就像卢勤老师举例所说的那样,孩子乘车逃票了,你夸他聪明,或者孩子在外面打架占了便宜了,你夸他真棒,那就把孩子引入歧途了。二是抓住欣赏的时机。当然最好的时机应该是从孩子很小的时候,让"欣赏"伴随孩子成长,培养自信和上进意识。现在的孩子已经十五六岁了,进入青春期了,开始逆反了,应该怎样再运用"欣赏"的手段呢?这就是我要说的第三点,欣赏要讲究艺术。前不久我和15岁的男孩张梦龙,还有他妈妈在一起交谈,他妈妈说了一句:"我昨天看了《告诉孩子,你真棒》那本书,写得真好,看了挺受启发的……"还没容她把话说完,张梦龙就一连串的"得,得,得,你俗不俗啊"!你看,这就是从小没有怎么享受过"欣赏"待遇的孩子,他看透了你"欣赏"他的目的。为了表扬而表扬他们是拒绝接受的。

家长对孩子的表扬、赞美、鼓励必须是由衷的,不做作的,让孩子感觉是"真"的。孩子才会表面不露声色而心中美滋滋的。

总之,家长要想配合学校做好孩子的教育工作,就要学习和接受符合时代进步和孩子发展的教育思想。不断更新教育观念,随时调整教育方法和教育手段。

 **要主动**

这一点我是站在老师的立场上给家长们的建议:主动与老师联系,主动与老师沟通。我的理由有三:

一是家校双方随时、共同掌握孩子的心理变化、行为表现,有利于及时掌握孩子的动态,及时发现问题,有针对性地解决问题,防患于未然。家长和老师长时间不沟通容易造成漏洞,导致难以补救的后果。

有的家长可能认为,这应该是你们老师的责任,这一点我完全不否认,我相信绝大多数老师都会主动承担与家长保持联系的责任。但我不得不拿出我的第二理由,就是每一位老师毕竟要管理几十个学生,就我现在所在学校所在年级来说,每班48人,班主任要想经常和家长取得联系,进行沟通,难度确实大了点;任课老师一般教两个班,96名学生,要想随时向家长汇报一下学科的学习状态及学习成绩,更是不太容易。而家长抽时间到学校来一趟,或者给老师拨个电话,这种交流老师们是十分欢迎的。

我的第三个理由,曾经有个学生跟我开玩笑说"关老师太狡猾"，因为学生最恨老师告状，尤其孩子刚犯了点错，出了点问题，老师给家长一个电话打过去，孩子的第一反应就是"反感"——老师又告状了。效果非常不好。可是家长隔一段时间找老师了解一下近期表现，老师客观地反映孩子的在校表现（这时候聪明的老师是既有表扬，又有批评了），这时候学生往往不会迁怒于老师，更有利于问题的解决。有一高三学生由于班主任向他家长反映"与某女生交往过密"，致其勃然大怒，气势汹汹地找到我，劈头就是一句："她闲事管得也太宽了。"我问他："老师怎么管你的闲事了？直接批评你了吗？""没有，她告诉我妈妈了。""是去你家告诉的吗？""不是。""是老师主动打电话告诉你妈妈的？""也不是，是家长会后告诉的。""好，家长会后，你妈妈主动留下来，找老师了解一下你近期的表现，老师不加任何定性地如实汇报你的在校表现，老师哪里做错了啊？"到这儿，这学生哑口无言了，只好悻悻离去。试想如果是老师主动去向家长"告状"，后果一定会比这更严重。

这三个理由，我无需多讲，只建议家长们主动与老师多联系，有话则长，无话则短，老师看您对孩子这么负责任，还真得给您孩子更多一些关注呢！

 **要理智**

我这里所说的理智，是建议家长在孩子和老师之间架起一座理智的桥梁。我之所以提出这个问题，是因为深知师生间的融洽

第四章　家校合作是教育的重要环节

对于教育效果起着至关重要的作用，而教与学本身就是一对矛盾，老师和学生各居矛盾双方的主体地位。在对立中求统一才能实现良好的教育教学效果，作为学生家长，如果能够成为学生和老师之间的粘合剂、润滑油，最终受益者一定是您的孩子和您的家庭。

今天的孩子基本都是独生子女，个个都是家长的掌上明珠，对孩子的期望值高，自然也就提高了对老师的要求，这都在情理之中。但是当您拿定主意，把孩子送进这所学校（现在可供家长选择的学校越来越多），送到这些老师手里时，您就必须调整好自己的心态，多些信任，多些配合；少些怀疑，少些挑剔。应该确认学校与家长的目标是一致的；相信绝大多数教师是可以不断改进的；更要清楚孩子学习、品行的优劣取决于家庭、社会、学校及个人努力等多方面的因素，绝非老师一人可以决定的。您把心态放平了，是一位"明白"的家长，就一定会理智地去看待和处理师生间产生的一些正常范围内的分歧、摩擦甚至冲突，调节化解矛盾，帮助孩子正确认识老师的批评或要求，有意识地在孩子面前"树"而不是"贬"老师，对孩子只有好处而无坏处。

我认识的一位知识分子家长，就在孩子回家"控诉"数学老师年轻，没经验，讲的不好时，爸爸及时帮他纠正："老师毕竟大学毕业，学了那么多年，又有老教师带着，一定没问题，你们班不是有数学学得非常不错的同学吗？还是在自己身上找找学不好的原因吧！"没有得到家长支持的孩子以后不再抱怨了，逐渐和数学老师越来越融洽。就这同一个话题，我也听到过个别家长的处理方法："年轻就是不行，咱们怎么这么倒霉，别着急，我找你们校长去，要求换老师。"咱们可以想象一下，有这样的家长撑腰，孩子自己还可能努力吗？反正学不好也不是我的责任——这就是孩子的想法。可是到头来吃亏的又是谁呢？其实孩子回家诉苦、发泄不满主要集中在小学和初中时期，一上了高中，孩子才不愿再向家长说学校的事呢。越是年龄小、辨别是非能力不强的情况下，越需要家长给予正面的引导。我设定几种常见的情景，家长们不妨考虑一下应该如何应对。

孩子回家说：

老师偏向×同学。

我今天上课没说话，老师冤枉我。

我们老师特讨厌，放学总比别的班晚。

真烦，今天我们老师又把我们臭骂了一顿。

倒霉，今天老师把我的文曲星没收了。

我们语文老师讲课特没水平，我都不爱听。

我今天忘带作业了，老师罚我在学校补上。

我上课就说了一句话，老师就没完没了地说我。

我讨厌×老师。

就选取的这些情景，家长们可以做出截然不同的反应。但我要忠告您的一句话就是：怎么做对孩子有好处，请务必想清楚。

也许有人会说，你是老师，当然就站在老师的立场上说话。难道老师的种种做法就都对？孩子们的反映都不准确吗？那您就误解了。第一老师们工作态度、教学水平、管理方法多多少少会有差别，老师本是凡人，也会有这样那样的缺点和不足。再优秀的教师在与人（学生）打交道的工作中，也会出现纰漏而引起学生的不满，对这一点我不但承认，而且是最心知肚明的。第二，孩子们反映的往往是他（她）们的亲身经历，也许是客观事实，也许是角度不同所造成的偏见。他们之所以回家诉说就是想听到家长的评判，得到家长的同情和支持。**这时候的您如果能做到既不贬低老师，又不伤害孩子，从不同的角度帮助孩子分析问题，使孩子的情绪得到缓冲，不但有现实意义——缓解师生间的矛盾，还可能产生长远意义——培养孩子宽容、自省的良好品质和换位思考的思想方法。**至于说真正属于教师的问题，您完全可以善意地直接或间接地提出。我相信绝大多数老师及学校领导都会给予认真考虑的。**让教与学这对矛盾向有利于孩子成长方面转化和发展是我们的共同心愿，教育孩子您有义务，老师有责任，我们之间的和谐、一致、互谅、互补对孩子肯定是有好处的。**个别不理智家长的一些举动只能为孩子造成潜在的后患。

举我亲身经历的一个案例：初一即将结束时，我看到个别学生英语已经跟不上了，心里真是万分着急，于是求助我高中带出来的学生，现清华大学高材生陈薇、崔岩利用假期给几个孩子做家教，补一补英语。当时有补课愿望的孩子和家长不少，我不可能都安排，于是用心挑选了三个男生。没料到其中一位家长用一句"你们老师什么意思，她是不是创收呢"拒绝了我的好意。另两名男孩补课很见效，而这个学生英语成绩却一蹶不振。本来孩子是个单纯、热情的好孩子，我对他还多一分偏爱，可是这位父亲却"以小人之心，度君子之腹"，无形中起到了"离间"我们师生关系的作用。三年中，这位家长从没有主动与老师取得过一次联系，只在孩子上初二时的一个中午风风火火地来到了学校，我简直喜出望外，热情接待并汇报孩子的近期情况（这时候这名学生各科成绩已经极差了），没想到不容我说三句话，这位父亲话锋一转"我今天主要是来反映一个问题……"原来是来告体育老师状的。就因为体育课上的一个游戏，男同学之间要互相拍打后背，孩子们顽皮，可能手重了，把他儿子打哭了。为此家长不干了，找我给体育老师奏了一本。我至今耿耿于怀的不是家长反映的问题，而是家长在遇到问题时的不冷静、不理智。第一，这些事值不值得您大动肝火？第二，中午孩子回家刚一诉苦，您就迫不及待地冲到了学校，对孩子能有好的影响吗？第三，我满心欢喜、满怀诚意地感谢您的到来，您这一瓢冷水，泼得我能对您没意见吗？据我所知老师们中间有一种不那么正确却很无奈的共识，那就是家长难缠、事多、不讲理，对孩子我们只好少管，谨小慎微地管，顾虑重重地管，其实对孩子是没什么好处的。

  前面我是站在老师的立场上谈家长的理智，下面我也要站在学生的立场上，请求家长的理智。许多家长可能都会有这样的体会，老师一个电话把您请过去，劈头盖脸连孩子带家长一通数落，让您觉得很没面子。还有家长会上老师表扬了一批孩子，您竖着耳朵听了半天也没听见您想听到的名字，可是当老师点名批评时，您最怕听到的名字却从老师口中念出来。尽管大部分在座的家长并不认识您，您也有一种无地自容的感觉；早上临上班前，孩子怯生生地交给您一张不及格的考试卷，让您给签字；突然手机响，接到老师电话，告诉您孩子在学校又惹事了……总之，一桩桩、一件件让您恼怒的信息在刺激着您的神经，"恨铁不成钢"的念头使您压不住火，往往就会爆发一场两代人之间的家庭战争。但不知家长们注意到没有，这种战争并无实际效果，或者孩子有极短

第四章 家校合作是教育的重要环节

时间的些许变化，过不了三天，一切如故，下一次刺激又在等着您了。这是何苦来的呢？我要坦言的是，老师们的这种做法虽属无奈，但也不见得合适，起码值得商榷。作为今天的家长也不要固守"先生告状了，回家就得挨板子"的传统做法。而是改变一下思路，就像我前面介绍的"卡通漫画"事件的处理方式一样"给孩子一个意料之外"，也许效果也会给您一个意料之外呢！当然这就需要家长的理智了。

首先理智地调整好心态，给自己一个心理暗示——孩子犯错误是难免的；其次理智且策略地听听孩子的申诉或狡辩（也许是认错，那就更好了）；再次，理智地与孩子进行朋友式的交流。心平气和地讲理，在讨论中辨明是非，既要指出他的问题，让他无话可说，又要尽力发现他哪怕只有一点点"有理"的地方，给予肯定、表扬，甚至编几句"老师批评你的同时也表扬了你"之类的话。这种善意的谎言一来可以让孩子觉得"我在老师眼前并不是一无是处"，二来也可以缓解因为老师告状而造成的孩子心中的不忿，减少孩子对老师的抵触情绪。您不是就起到了师生之间润滑剂的作用了吗？因此我劝家长们，当听到孩子犯错了、惹事了、学习退步了，甚至考试不及格了等信息时"有话好好说"，您越冷静，不给孩子造成与家长、与老师顶牛的机会，他才有可能从内心去反省和自责。反之，**如果走进了老师拿家长出气——家长跟孩子生气——孩子跟老师赌气的怪圈，只能是恶性循环，谁的气也顺不了**，您想想是不是这个理儿。

关于家校合作我给您的四点建议：一要学习，二要接受，三要主动，四要理智。虽是我的经验之谈，但具有可操作性。您要是真的像有些家长表示的那样：只要为了孩子好，让我干什么都行，那就不妨试着去做一做，但是您必须明白，做这些可比为孩子拿出几万块钱难度大多了。

结束语

　　一写家校合作的话题我简直收不住笔了。我也曾问过我自己：有没有资格指导家长？我的观点能不能被家长、老师们接受？经过认真考虑我为自己提出了三个理由：第一，家校合作是一个有实际意义的值得探讨的问题。我作为教育界的圈内人，有发表意见的责任和义务。第二，30年教龄、27年班主任龄，可以说毕生精力都用在学生们身上了。我熟知孩子，了解家长，应该说是最有发言权的。第三，熟悉我的老师和家长们有一个共识：有什么难题了，就找关老师吧，她总能给你出一些招儿。是啊，这就是我想写这本书的初衷。积攒了半辈子的经验、教训，只存在脑子里多可惜啊，还是资源共享吧！至于说能不能被接受，那只好是仁者见仁，智者见智了。不过我还是挺自信的。

　　老规矩，还是用名人的话做本章的结束语吧。中国家庭教育学会常务理事，教科所兼职研究员张春熙说：

　　家庭教育的现状需要改变，未成年人成长的环境需要改善。而改变与改善的出路在于发展——发展家庭教育。

第五章

别和青春期的
孩子较劲

这样的两代人碰一块儿了，所以叫双期碰撞。它带有中国特色。

——中国人民大学社会学系教授 周孝正

第五章 别和青春期的孩子较劲

现在我们家庭里儿童缺乏伙伴，我们社会又处在巨大的社会变迁之中，所以我们的价值观在变。加上所谓的传媒，大众传媒在刺激孩子，孩子普遍青春期或者说性成熟提前，青春期拉长。大人又是更年期，而且现在进入更年期的这些人恰好赶上十年"文革"，他们也没有接受过良好的正规教育。这样的两代人碰一块儿了，所以叫双期碰撞。它带有中国特色。

——中国人民大学社会学系教授　周孝正

上面这一段文字是《今日父母》杂志的一个专栏《父母沙龙》的一次讨论——青春期与更年期的较量，中国人民大学社会学教授周孝正老师的精彩发言。尤其最后说的"中国特色的双期碰撞"，真是恰如其分。因为作为生理现象，青春期与更年期是没有国界、没有国籍区别的，可是为什么今天的中国双期碰撞似乎异常激烈，甚至在家庭、在社会形成强大的冲击波，成为一个非谈不可的话题，非治不愈的顽疾？周教授的答案是社会变迁、价值观改变、独生子女、传媒刺激以及成年人教育思想滞后等等。我认为社会变迁、价值观改变和传媒刺激具有普遍性，世界其他国家也会在不同时期不同程度地发生，而独生子女现象与家长期望值过高再加上教育思想滞后，才形成了青春期与更年期之间水火不相容的中国特色。

独生子女作为基本国策的产物，我们无权指责。这一政策的实施为解决我国基本国情中的许多现实问题，促进经济发展，发挥了十分重要的作用。但是凡事有利就有弊，独生子女教育凸显出的问题暂且不谈，就周孝正教授所说的"儿童缺乏伙伴"就是一个需要认真关注的问题。它对孩子在成长过程中性格的形成，能力的培养，人格的完善及心理素质的提高等都带来了一定的负面影响。这不单单是表现在每一个家庭只有一个孩子，没有兄弟姐妹而造成的孤独感，更主要的是由于是独生子女，家长"少而精"的意识作祟，对孩子十分重视，百般呵护，不敢放手与人交往，不愿让孩子脱离自己的视线范围，不给孩子更多地接触社会的机会，无形中缩小了孩子的活动空间，缩小了孩子的交友范围，人为地封闭了孩子本该躁动的心灵，这些都与孩子青春期生理发育产生了矛盾，导致了孤独、自闭、没有朋友、心理异常等一系列现象的发生，到了十二三岁以后就都被归结为"青春期综合征"的表现。所以今天中国孩子的青春期反应与独生子女不无关系——**此为"双期碰撞"的中国特色之一。**

家长对孩子的期望值过高，过于单一，过于主观是目前存在的另一个问题。关于家长对孩子的期望值过高我在前面已经提到，不再重谈，只想提醒一些不承认自己对孩子期望值过高的家长，您所表现出来的"不指望他成什么才，当什么家，以后有养活自己的本事就知足了"，与您的潜意识并不完全一致。我形容这些家

第五章 别和青春期的孩子较劲

长是：一方面用眼睛盯着自己的孩子，另一方面用眼角的余光扫视着别人家的孩子（尤其是比自己孩子更出色的孩子），在羡慕、攀比，甚至有几分嫉妒心态的驱使下，对自己的孩子其实永远是"不知足"，"恨铁不成钢"，好——再好——更好，成为对孩子永久的要求与期盼。这种看似不高的期望，使家长对孩子少了些宽松、宽容和宽待。家长对孩子的期望过于单一、过于现实是目前很突出的一个问题。

就在我给新初一同学上的第一节思想政治课上，我设置了一个小问题：家长为什么每年肯花13000元送你到我们这所民办校来完成初中的学习？目的是想把同学们引向"盼你成才"的结论，然后进入我这一课的主题"要成才先做人"。没想到相当一部分学生回答得很现实："为了考个好高中"，"为了将来能上好大学"，"为了长大能有份好工作，挣大钱"，"现在爸爸妈妈给我花钱，我以后赚钱多了再回报他们"……让我费了好大的劲才掰到了"爸爸妈妈希望我们成才"的思路上来。能说孩子们回答得不对吗？家长们长期以来给孩子们灌输的就是好高中+好大学=有出息，至于硫酸泼黑熊的刘海洋，杀害同窗的马加爵，媒体再怎么扩大宣传，也不会太多地引起家长们的重视，"那是极个别的，我的孩子不可能"的想法深藏在每一个家长的心中，而没有人意识到，第一刘海洋等人的父母可能原来也曾这样想的，第二高智商犯罪、高学历犯罪正在呈上升的趋势，第三没有人能够为另外一个人的行为打百分之百的保票。

目前中国的中高考制度确实影响了家长们的教育思路。我也知道有许多家长是违心地、很不情愿地重智育轻德育；重学业进步，轻全面发展，使孩子的路越走越窄。我虽然替家长无奈，为孩子叫屈，但我更相信大方向正确的前提下"条条道路通罗马"。

　　我有一个喜爱有加的学生叫张一可，刚刚初中毕业，上了不是很理想的高中，自己很郁闷，父母很惆怅，可是我却对他爸爸妈妈说："走入社会一可一定是好样的！"我为什么敢为一个15岁的孩子说这样的大话呢？因为在我心中张一可就是个好孩子，若能抛开学习成绩，我甚至认为这是一个难得的好孩子。军人家庭赋予他的正直、善良，对人的那份真诚，极强的集体荣誉感。我在他的学年评语中曾这样写道："你爱集体，爱同学，爱老师，爱父母，唯独不够爱自己。你的前途掌握在自己手里。"我所谓的"不够爱自己"确实指的就是他在学习上努力不够。他妈妈不止一次不无困惑地问我"学习不好，其他那些好有什么用啊"？我肯定地说："有用，而且有大用。"因为我始终相信成绩不应该是衡量孩子的唯一标准。不仅我相信，孩子们更愿意相信和认可这一点。但家长们却"宁可信其无，不敢信其有"，只好把对孩子的期望锁定在学、学、学，考、考、考上，这种期望是不是很单一呢？还是在我小的时候，就知道"孩子不是父母的私有财产，孩子是国家的未来"，但是直到今天，中国的孩子们还是生活在家长们的"私有观念"里，可能这就是家长们对孩子的期望值过于主观的根源吧。按常理来说母爱、父爱是最无私的，家长们的所思、所想、所做，无不是为了孩子的未来与前途。但是家长们也同时忽略了一点，即孩子本身也是个体的人，也是有头脑有思想的人，也是会憧憬和设计未来的人。尤其随着年龄的增长，随着多元化信息的不断刺激，孩子们产生了强烈的自主意识，他们不能再心甘情愿地接

第五章 别和青春期的孩子较劲

受家长们一系列的包办代替。

我本人就有过一次真切的体会：儿子在读高二时我们开始讨论学文还是学理，将来大学考什么专业。我当时很主观地提出"学经济类或金融专业"，理由是我的哥哥在建设银行总行工作，有着令人羡慕的工作环境和收入，孩子大学毕业后能通过舅舅进入建行工作是我的既定目标，是我的理想。我还自认为给孩子指出了一条明路，为孩子设计了一个美好的前程。却不料儿子有一天突然向我明确表了态："我对搞经济一点儿兴趣都没有，更不想当什么会计，也不愿意进建行。"咦？我十分诧异，反问他："你想干什么呀？"就这时候我还满以为他"没想好"或者"没目标"呢！没想到儿子不假思索，脱口而出"我想学法律，我想当律师"！我真的愕然了，因为在这以前我们家的事好像都是我说了算，孩子的一切都在我的安排之下和掌握之中，现在这么大的一件事，儿子居然要自己做主了。我毕竟是一位开明的母亲，愕然之后随之而来的是一阵惊喜：儿子长大了，我的主观愿望该退休了，我愿意做儿子的幕后支持者。

通过这件事是不是可以折射出相当一部分家长对孩子期望值的主观性呢？恰恰由于家长们对孩子的期望值过高、过单一、过主观、过现实甚至过狭隘，当孩子的意愿与家长的要求不协调、不一致时，分歧与矛盾自然而然地显现出来，都企图说服对方，都不愿意改变自己。刚刚产生自主意识的孩子们只能用叛逆来应对家长的专制，所以才形成了青春期与"更年期"的较量——**这不能不说是中国"双期碰撞"的特色之二。**

随着社会生活的变迁和进步，家长提高了对孩子的期望值，更加重视子女的教育问题，在工作之余拿出更多的时间和精力关注教育事业，这都是很可喜的现象，是一种进步。但是教育思想的滞后又使得家长们面对孩子们的反叛与不屑感到束手无策或力不从心，而且越是那些执著地力图改变孩子的家长，挫折感、失败感越强。因为在这些家长的潜意识中，自己总是对的，孩子总是错的；自己处处都是在为孩子着想，孩子却完全不懂父母的心。有的妈妈就很明确地说："我紧唠叨着他还不听呢，如果不说这孩子不定成什么样呢！"而孩子却一点都不领情。

　　刚考上高中的一个男孩给我打电话，我嘱咐他："上高中了，长大了，不要再让妈妈操心了，学习一定要靠自觉……"我话音未落，他抢着插了一句"其实我妈她全是瞎操心，我根本不想听。"在孩子看来家长们是在做无用功。刚开学上新初一的思想品德课，说到成长的烦恼，没料到每个班都有多于三分之二的同学表示现在就有烦恼，而烦恼的内容基本上都集中在"家长唠叨"和"上中学不让看电视和玩电脑了"两个方面。可怕的是这才刚上初一，刚满12岁，就已经在拒绝家长的教育了，随着年龄的增长，随着青春期的到来，孩子烦，家长怒，弄不好就两败俱伤。

　　虽然说起来造成这种局面的原因是多方面的，但是我看孩子和家长接受信息量与速度的不对等，孩子超前、家长滞后是一个重要因素。我在前面说过，青春不是特权，是每个人的人生经历。但青春期的心理反应却在今天的孩子身上表现得十分强烈，这与家庭、社会、国家乃至世界的信息"快递"不无关系。美国9·11世贸大楼被炸几分钟，中国人通过互联网就得到了消息；俄罗斯人质事件还未结束，北京媒体已经在连篇累牍地追踪报道；美国街舞被孩子们津津乐道；日本动画片让孩子们百看不厌，韩国漫画更是让孩子们爱不释手；想了解性知识偷偷摸摸访问黄色网站，要体验异性交往到聊天室去寻找伙伴……这一切刺激的是孩子们的神经，影响的是孩子们的思维，改变的是孩子们的行为。尽管他们的超前让大人们看不惯、想不通、接受不了，但它们毕竟是一种带有鲜明时代色彩的潮流，堵不住、压不服，唯有疏导才是上上策。

疏——疏通；导——引导，使其思路顺畅，方向正确，明辨是非，排除干扰，增强自身免疫力，才好平安度过青春期。作为主要疏导者的家长，第一你责无旁贷，必须承担起这份责任；第二你必须比孩子"高明"——不仅能够及时接受各种新信息，还要具备筛选、辨别、分析的能力。换句话说，你得有与孩子沟通、交流、导向的资本，别让孩子看不起你。1998年，47岁的我为了能和喜欢足球的学生有共同语言，拉近师生间的距离，刻意培养自己对足球的兴趣。北京国安队在工人体育场的主场比赛我必亲临现场，学习足球知识，感受赛场气氛，在和学生聊球、侃球的过程中建立了良好的师生关系；今天的我努力学习和掌握电脑知识，写文章、上网查资料、收发邮件、写博客等，一方面是工作的需要，另一方面也是在年轻人面前、在学生们面前不服输，希望与他们有更多的共同语言。面对孩子成长过程中的困惑与烦恼，家长若真的愿意为孩子排忧解难，助孩子成长一臂之力，好了，家长们试着接受一些新的教育思想和教育理念吧。我不是专家，教育研究刚刚起步，既不深也不透，但我提炼出来的观点绝对来源于实践，就算是给家长们一点点借鉴吧。

别和青春期的孩子较劲

真正实现与孩子在人格上的平等

家长与孩子的区别有性别上的、年龄上的、知识上的、阅历上的、能力上的、经济收入上的……唯独没有人格上的。受封建社会君臣父子观念的影响，中国的父母与子女、长辈与晚辈、成人与孩子从来就与"平等"两个字不搭界，所以尽管"父母与子女，老师与学生在人格上是平等的"的观点早已经提出很多年了，专家们为给孩子们争得"平等权"没少呼吁和呐喊，但是从实际效果来看并不尽如人意。一方面是家长们对于"平等"理解有误，无限提高孩子的地位，维护孩子的权威，对孩子言听计从，百依百顺，在家里孩子的话就是"圣旨"，孩子的要求就是命令，家长必须执行。有人也许会说"这是极个别现象"，但我却真真切切地感受到了这种表面上的"平等"，实质上的娇宠，在相当一部分家庭中不同程度地存在着。曾经有一次家访，正赶上一家三口在吃晚饭。吃到一半时已经上初一的孩子顺手拿起一个苹果就啃，我说了一句"饭没吃完怎么又吃上水果了？你爸妈也不说你呀"？这个女儿立即冲着她父亲说："你问他敢说我吗？我借他一个胆他也不敢，说话比我声高了都不行！"只见这位父亲温文尔雅地一笑了之。

我见过许许多多这样的场面：孩子在学校门口等家长来接，家长因故来迟了，孩子大发雷霆，家长百般赔罪；在商场高档鞋柜台前，常常可以听到这样的话："你自己挑吧，喜欢哪双咱就买哪双"；公共汽车上，有了一个座位往往是十几岁的孩子坐下四十岁左右的妈妈站着；还有诸如孩子经常在家里乱发脾气，父母在孩子面前唯唯喏喏，孩子要钱说要一百不给五十……等等，我见的真是太多了。这种现象看起来给了孩子极大的民主、自由、平等的空间，彻底丢弃了传统的家长专制，但实际上却走入了另一个极端——溺爱、娇惯，演变成了孩子对父母，甚至对爷爷奶奶、姥姥姥爷的专制，这是不正常的，也是很可悲的。

另一方面是家长们在潜意识中拒绝接受与孩子的平等，放不下家长的架子。"不听老人言吃亏在眼前"，"我过的桥比你走的路还多"，"子不教父之过"，"棍棒之下出孝子"等等传统观念多多少少还留在我们的记忆中，使得家长们有意无意地以居高临下的姿态管理和教育自己的孩子，**形成了命令多，协商少；指责多，鼓励少；批评多，表扬少；指挥多，指导少；怀疑多，信任少；打击多，肯定少的教育方式**。一个中学生说上中学后父母用的最多的词就是"不许"和"应该"，还有"轮不上你来教育我"之类的话，时间长了他就不爱搭理父母了。这是典型的有中国特色的教子之道，能怪孩子不接受吗？

那么什么是人格呢？《辞海》上解释为"个人的尊严、价值和道德品质的总和"。《现代汉语词典》则更细地划为三种涵义，一是"人的气质、性格、能力等特征的总和"，二是"个人的道德品质"，三是"人的能作为权利、义务的主体的资格"。根据我个人的理解，所谓"人格上的平等"之"人格"，就是指后者而言。**对于孩子来说，他们虽属未成年人，还有他们所不能履行的义务，但是他们有独立思考的权利、发表见解的权利、与父母平等对话的权利、保护自己隐私的权利、玩的权利、休息的权利**……家长们如果真的能够意识到这一点的话，我认为应该从以下几个方面把"平等"还给孩子们：

不要把自己的意识强加给孩子

这可不是我的个人意见，而是许多许多孩子的呼声。咱们中国的家长们太喜欢包办代替，操心受累之余还总爱不无委屈地说一句"我什么都替他想到了，能做的我都做了，我容易吗"？可是对于您的这一"替"，孩子们不但不领情，反而加剧了他们的逆反心理，尤其是进入了青春期的孩子，他们更愿意固守自己的意志而拒绝家长的好心安排。家长说是为他好，他说家长是为了满足自己的虚荣心；家长说学这个今后有前途，他说我不喜欢没兴趣。这种顶牛的例子很多，而且真的不一定都是孩子不对。就我个人来说就有值得反思的地方——在儿子9岁时，我一定要儿子学一样乐器，而且根据我的喜好选择了手风琴。我还自以为很理智地对孩子讲："我并不是要你学出什么水平，一个男孩子会拉手风琴，今后上中学、上大学演个节目，给人伴个奏多方便啊！"于是托同学在北京买琴（当时还在山西大同），800多元在80年代可是家庭中一笔不小的开支，然后又托人找了一位幼儿园老师，每周两次每次50元，我背着琴送他去学。其实孩子从一开始就告诉我他不喜欢，但我一厢情愿地强制他非学不可。半年过后，孩子没兴趣，我也没了热情。快20年了，我们家的手风琴再没有人摸过，快成古董了。

我想有过我这样经历的家长绝不仅我一个人。当时孩子还小，没有反抗能力，到了初中、高中时就经常是儿子嘲弄我了：拿回个奖状或得个好分数，很不屑地扔（绝对是"扔"）给我，一定要捎带上一句"给，拿去满足您的虚荣心吧"。细想之下，孩子难道

第五章 别和青春期的孩子较劲

说得不对吗？到了高中毕业考大学时，依我第一志愿就报中国政法大学，稳扎稳打比较有把握。但这时候我已经完全左右不了他了，他坚持报中国人民大学，一句"考不上我认了"把命运掌握在了自己手里。所以我以后带高三毕业班在指导学生报志愿时，一定会反复向家长强调"要尊重孩子的意见，要协商不要强制"。**受年龄和阅历的限制，孩子们的想法、看法、做法肯定有不成熟、不准确、不恰当的成分，家长不要俯视，而要平视，以沟通与协商的方式求同存异，当孩子发现您尊重他时，他也是会讲理的**（这原话是孩子说的）。

 **承认自己有不如孩子的地方**

两位英语老师正在看初一学生的作业。一位老师自言自语："ABS，防抱死系统，这哪对呀？防爆也不应该是这个抱字呀？"两位老师正要切磋，无意中被我扫了一耳朵，我连忙打断她们："你们刚才说的是ABS吗？它确实指的是汽车上的防抱死系统，学生写得没错……"我又简单解释了一下，两位老师恍然大悟，不无惭愧地表示"看来有些知识还真得跟孩子们学了"。跟孩子们学——无论老师或家长都应该树立这种意识，而且绝不仅仅是体现在"儿子，你教我学学电脑"，"女儿，这DVD怎么看"这样简单的"讨教"上，而是要求我们成年人在与孩子们人格平等的前提下真正承认孩子们的优势与长处；承认在社会疾速发展的今天我们的某些不适应甚至是落伍；承认我们在教育孩子不犯错、少犯错的同时我

们也在不自觉地犯着错误，人无完人嘛，家长也未必就比孩子完美。北京市十佳中学生王海洋的父母在接受记者采访是就坦率地承认"孩子在许多方面做得都比我们好"，所以他们对待孩子更多的是理解和宽容。

家长在孩子面前虚心一点，只会更加赢得孩子的信任。在我教过的无论初中还是高中学生面前，我总要向孩子们表明："老师不过是在知识上和做人的道理上比你们先学了一步，你们以后肯定是要超过我的，这才是社会的进步。"当我在教育教学中出了差错时，我会诚恳地向学生认错或者道歉，丝毫不会降低我在同学们心中的威信，反而更加拉近师生间在情感上的距离。一篇《教授给那个学生深深鞠了一躬》的报道很是发人深省，大意是：

某大学最富盛名的一位教授开讲座，大讲堂里的人坐满之后，早到的教授从椅子上站起来，径直走下讲台，来到最后一排座位前，指着中间座位的一个同学说："同学们，在开始今天的讲座前，请允许我向这位同学致敬。"说着教授向那位同学深深地鞠了一躬，然后教授讲述了自己第一个来到大讲堂观察到的情景：许多先到的同学一进来就抢占了靠近讲台和过道两边的座位，只有这位同学来的时候径直走到大讲堂的后面，而且是坐在最中间，一个进出都不方便的位置上，这让我充满敬意。

教授随即向同学们讲了"与人方便与己方便"的道理暂且不提，从另外一个角度来看，著名教授向一个普通学生鞠躬并表达敬意后"全场响起雷鸣般的掌声"，这掌声是给那个同学的，也是给这位教授的。**对于孩子们来说，长辈们能够向他们虚心求教，他们在荣幸之余会增加自信；大人们肯向他们道歉认错，他们在谅解**

之余会增加自省。一个充满自信，善于自省的孩子一定是一个让家长省心的孩子。

 **进行朋友式的交流**

"与孩子交朋友"是众多教育专家的建议，是最能够体现"人格平等"的有效手段，也是我在多年教育实践中逐渐领会到它的积极意义，进而确定并认可的教育理念。对于家长们来说，在新教育思想熏陶和影响下，大多数人在主观上还是愿意接受这一观点，有和孩子交朋友的愿望，这在家庭教育领域是一个可喜的转变。但是从目前处在青春期阶段的孩子与家长的关系来看，效果似乎不十分理想，这也是造成"双期碰撞"的一个重要因素。那么造成这种主客观不统一的根源何在？我从这样几个方面进行了分析：

其一，与孩子交朋友的目的不正确。今天的许多家长虽然意识到与孩子交朋友有好处、有必要，但是并没有真正降低自己作为"长辈"的地位，不是像对待同龄朋友那样以心相交，以诚相待，而是目的性很强，太过于现实，太追求立竿见影的效果。与孩子交朋友是为了更好地"管"孩子，与孩子交朋友是为了让孩子"听话"，与孩子交朋友是为了更多地行使自己的"指挥权"，所以实质上并没有与孩子形成真正意义上的平等。尽管父子间可以称兄道弟，尽管女儿叫母亲可以直呼其名，尽管吃什么、穿什么、玩什么可以孩子说了算，尽管为孩子花钱家长毫不吝惜，但是却不知道孩子在想什么，而孩子却往往因为识破家长虚假的平等而不屑与您为友。家长与孩子之间缺少平等的、真诚的、心与心的沟通。

其二，传统观念限制了与孩子正确的交流。中央电视台《艺术人生》某一期节目的主题《永不消失的电波》，介绍和回顾了方明、林茹、雅坤三位著名播音员及她们的播音情结。其中一段内容特别引起了我的注意：雅坤老师的儿子直言"生活在妈妈的阴影里，不能与妈妈合作"，其原因就是已经成年的儿子总是得不到妈妈的肯定。当主持人朱军请母亲"对儿子说点什么"时，雅坤老师的一番话是："儿子，不要生活在妈妈的阴影里，我希望你更出色，希望你青出于蓝而胜于蓝。"朱军立即予以纠正："您应该说'儿子，你真棒，在妈妈心里你是最优秀的，我相信你一定会青出于蓝而胜于蓝'。"我当时听罢不禁为朱军喝彩！看似大同小异的两段话，其实有着很大的不同。前者是居高临下的希望，后者是朋友式的赞美；前者是一种指导，后者是一种鼓励；儿子听了妈妈的一番话会自愧不如，继续生活在妈妈的阴影里，而朱军那一番话如果是妈妈说的，会给儿子一种激励，增强他走出妈妈阴影的自信。雅坤老师的这番话太典型了，代表了中国相当一部分家长，固守自己传统的家长作风，在不知不觉中流露出对孩子的俯视，完全凭自己的主观意识在希望、在指挥、在鞭策，忽视了孩子的感受。最直接的表现就是家长不会正着说话，许多想表达的好意非要反着说出来，比如："今天这是怎么了，怎么知道主动学习了？""你还能考90分？""99，你怎么就不能拿个100分呢？""上课不说话能憋死你呀？""给班里做好事管什么呀，多考几分比什么不强！""这回有点进步，可别骄傲啊！"……太多了，不胜枚举。我几乎每次与家长交流时都在不断地给他们纠正这些"伤孩子"

的话。一纠正家长也能够认同，也能承认自己的说法不妥，但在脱口而出时却浑然不觉。其实还是内在的、根深蒂固的传统观念在作怪。

上述两点，我认为是造成孩子不愿与家长沟通的矛盾的主要方面。我在前面讲过"高明的家长会倾听"，但前提是家长得取得孩子的信任，孩子肯向你倾诉，家长才有的可倾听。家长们千万不可因为孩子小、未成年而忽视了孩子的敏感性，你跟他套了半天近乎，最终还是为了让他听你的，这种"不平等条约"注定是要失败的。所以家长在倾听之后，对于分歧点要协商、要尊重，甚至做适当的让步。我始终相信：一、孩子不会百分之百都是错；二、绝大多数孩子还是讲理的。另外家长们以雅坤老师那番话为戒，学学朱军那番经过修正后的语言表达方式，让对方听着舒服才好接受。就拿我上面举过的例子来说，改一改效果可能就不一样了："哦，今天主动学习了，真好！这可是个不错的新起点啊！""考了90分？太棒了，我就知道你能行。""99分不错，知道那1分丢在哪，下次记住就行了"……家长们试着改变一下自己的语言吧。

赏识教育有奇效

关于赏识教育，专家们多有议论。像知心姐姐卢勤老师写的《告诉孩子你真棒》，周歧老师的《觉醒》，王瑞富等人编著的《天才是这样夸出来的》等都集中表达了一个主题，即掌握好夸奖这个法宝，就抓住了孩子成功的关键。相比之下，我还没有资格就这一问题再说三道四。但是作为一种教育理念，我愿以我的经验之谈向家长们力荐。

我在前面提到,对孩子的夸奖、赞美必须有两个前提,一是家长本身具备基本的道德素质,明辨是非美丑,否则就会适得其反;二是在孩子很小的时候就开始实施赏识教育,否则孩子长到十五六岁家长突然一赏识,孩子还真可能由于不习惯而拒绝接受了。除此以外我再向家长们谈谈我的四点看法:发现,抓住,慷慨,一味批评意味着批评失效。

 发现——善于发现孩子的闪光点

"孩子是自己的好","谁的孩子谁疼"这些说法好像都是从老一辈人那儿传下来的。可是奇怪的是今天的许多家长对自己孩子的优点持"不说也没不了"的态度,对孩子的缺点却盯住不放,认为"不说改不了"。其实说到底还是家长望子成龙心太切,太过于追求孩子的完美,所以才形成了对孩子满心的期盼、满眼的期待、满脸的不满、满嘴的说教,还永远有一种不随心、不如愿的遗憾。尤其拿自己的孩子跟朋友、同事、邻居家比较优秀的孩子去比较时,总是觉得脸上无光,我认为家长们这是作茧自缚。我教出了数以千计的学生,我敢说你只要承认他还是个孩子,身上就一定有表现出来的和没有显现待挖掘的优点,这些优点就像一颗颗火种,一旦以正确的方式点燃,就可能形成燎原之势。可是如果不被我们发现,这小小的火种也可能自己熄灭,或被我们无情地压灭、踩灭。我有一个学生学习确实很差,但我对他的厚道、善良却很

有些偏爱。在一次我心情比较沉重地进行班级工作总结后,一下课同学们都陆续走出教室休息,唯独这个同学走到我面前轻轻问了一句:"老师,您没事吧?"令我十分感动。今年教师节他和同学们一起来看我,我与每一个孩子都打了招呼,但对这位同学我紧紧拥抱了他,因为我更看重他身上的闪光点。家长们试着去挖掘、去发现孩子的优点,不仅是为了孩子,也给您自己增加点自信。

我在与众多的家长交流过程中,都会指导家长用我的方法评价和认识自己的孩子,现在我向大家介绍一下我在教学实践中总结出的一套评价孩子的标准,你一定会有不一样的发现,我通常是用我的五个手指进行讲解:

1. 健康 ⎰ 身体健康   （这是前提和基础）
         ⎱ 心理健康

2. 品质和人格　（是做人的根本）

3. 能力　（包括学习、组织、人际交往等多种能力）

4. 分数　（不能说不重要,但只能排在最后）

请注意,顺序不可打乱,不能颠倒。在这样的评价标准下,绝大多数孩子都是好孩子。

 **抓住——发现优点及时肯定**

孩子的缺点是显而易见的,是最容易被老师和家长抓住的,而有些优点却由于或者是内在的,或者被压制、埋没时间太长了,

不容易轻易被别人感觉到。但他只要有这个优点，一定就会有灵光闪现的时候，作为有心的家长不但要去发现孩子的优点，而且要及时给予肯定，尤其那些问题比较多，习惯于挨批评，甚至有些自卑的孩子，家长更应该告诉孩子："你的这个优点是人生中最重要的，我为你骄傲"，"你在这方面能做得这么出色，其他方面也一定能够做好"。把孩子自己都没有意识到的，或者长期被老师和家长忽视的优点、优势挖掘出来并加以肯定，对增强孩子的自信十分有好处。我前面提到过的小陈思，在一次上课时我要求同学们用统一的A4纸制作班徽，有些同学说没有，话音刚落，陈思立即毫不犹豫地举起了自己的一沓A4纸大声说："我有，谁要？"一瞬间更坚定了我对他的评价和判断：他热情、单纯，渴望友情，所以才犯了总是花钱买零食给同学们，以此来换取友谊的错误。父母和老师一直揪住他的这一个毛病不放，试图逼着他改过自新，却不见效果。我首先肯定了他的初衷，表扬了他对同学、对朋友的无私，然后从交朋友的目的、方法和手段上进行分析，结果问题迎刃而解，让家长头疼很长时间的顽疾根除了。我的体会是，放过孩子的一个优点，也许就放过了一次孩子进步、成功的机会。

 ## 慷慨——不要吝惜对孩子的表扬

怕孩子骄傲——这是许多家长的顾虑，也是中国家长特有的教育理念。有人做过这样的对比：外国孩子告诉妈妈考试得了100

分，妈妈会说"亲爱的，你真棒，我为你骄傲"，中国孩子同样告诉妈妈考试得了100分，妈妈则会说"别骄傲啊"，或者"这回题太容易了吧"？我曾经的学生朱继明在上初三时就很无奈地告诉我，从爸爸那儿永远得不到一句表扬，考了95分说"还有100分的呢"，考了100分说"这是偶然，你能保持得住吗"？苛求完美的家长们似乎永远也不满足，或者是心中窃喜而不喜形于色。可是您知道您的这种美德用于此处其实并不恰当，因为它打击了孩子的积极性，伤害了孩子的上进心，让孩子永远觉得自己不够好而失去自信。**我认为赏识教育的实质是爱，对孩子有发自内心的、真诚的，不带功利性的爱；赏识教育的过程就是从爱的基点出发，发现、发掘、抓住、肯定孩子的每一个优点和每一点进步；赏识教育的表现形式和落脚点就在于对孩子的赞许、鼓励、夸奖、表扬**……不要吝惜一切赞美的语言，充分发挥大拇指的功能，不论孩子还是大人，也愿意有"好话一句三冬暖"的体验，而"忠言逆耳"毕竟让人感觉不舒服，再说既然是"忠言"何必非要"逆耳"呢？对于孩子们来说"顺耳忠言"也许效果会更好呢！歌德说："最真诚的慷慨就是欣赏。"家长们把对孩子经济上、物质上的慷慨转换一下，慷慨表扬、慷慨赞美，满足孩子在心理上的需求，从而激发孩子上进的内在动力，久而久之就绝不仅仅是有益于孩子眼前的一时一事，而是使孩子在人生旅途中多一些自信，少一些自卑；多一些自强，少一些自弃，进而实现真正的自立。我相信，在孩子人格形成过程中，在孩子人生观、价值观确立的过程中，鼓励、表扬的积极作用要远远大于压制与批评。

 批评——一味批评意味着批评失效

关于赏识教育,家长们可看的东西很多,我不再赘述。但是我想换一个角度剖析一下赏识、表扬、夸奖的反面——批评,这一家长老师们最常用的教育手段。

首先我必须声明,我绝不是反对或者拒绝使用批评这种教育手段。**及时的批评可以纠正错误,恰当的批评可以使人认识错误改过自新,严厉的批评可以使人猛醒而悬崖勒马……总之在社会生活中,批评是修正和协调人与人之间、人与社会之间关系,帮助他人改正缺点错误的重要手段,是必不可少的。**但是对于未成年的孩子来说,他们由于不成熟,自我约束力差,自我纠错能力差,所以在成长过程中不但错误百出,而且经常是在犯同样的错误。作为成年人的老师、家长最感到挠头的是"孩子怎么没记性"?"为什么屡教不改?"于是频繁地使用批评手段,意图把孩子"骂"醒,但是不管你是苦口婆心地骂,言辞激烈地骂,还是语重心长地骂,这种带有批评成分的教育效果都不十分理想。尤其是针对处于青春期阶段的孩子,他们的逆反心理作祟,或固执己见不认错,或明知故犯不服输。如果大人们再不及时修正自己的教育策略,形成与孩子的对峙局面,那么这时候的批评不但无效反而要适得其反了。如果再碰上一个破罐破摔的孩子,被批评毛了后果更是不堪设想。

我今年接的初一新生中有一个小男孩,开学第一天就引起了老师的注意:习惯不好,比较散漫,总爱做出一副什么都不在乎的样子。班主任老师批评他,他表现出了极大的抵触情绪。我断

定这是一个从小挨批评比较多，被说皮了的孩子，批评对他已经不起作用了。我第一次上他们班的课他在下面偷偷摸摸看卡通漫画，我提醒他时，他用眼睛不屑地瞄着我，一条腿不停地颠着，做出一副不以为然的神态，但我已经看出了他心中的恐惧与不安。下课后，我把他叫到办公室，没有他预料中的批评，而是温和地告诉他，"来到新的学校，怪关老师没有把有关规定详细地向同学们介绍，咱们《初一年级一日常规》中'不带与学习无关的东西到校'就包括卡通漫画书。今天先把书拿回去，我相信你以后一定不会再带到学校来了，我已经看出你是一个挺聪明的孩子……"这次谈话后老师们都反映他有了"想好"的意识，尤其上我的课，还积极举手回答问题，积极参与课堂教学活动。**当然对于孩子来说，不稳定是他们的特点，出现反复是很正常的现象，可是对这种类型的孩子确实不可以再一味地批评，因为他们对批评已经产生了"抗体"，很难再有好的"疗效"了。**本学期刚开学第一周，初一的孩子们就向我诉说他们的烦恼——家长的唠叨。其实仔细分析一下，孩子们嫌家长唠叨，表面看起来是嫌家长"说的多"，实质上是因为家长们说的内容多批评，少表扬；多指责，少鼓励；张口一表扬就是别人家的孩子，这样的话谁能爱听？谁能老听？听多了，没用了，不就成废话了吗？对孩子的批评要掌握适时、适当和节制的原则。

正确面对孩子的"早恋"

家有青春期的孩子，家长都有一怕——怕孩子"早恋"。正是由于怕，所以十分敏感，时刻提防着孩子和异性同学的交往：偷翻孩子书包，偷看孩子日记，偷听孩子电话；发现一点可疑迹象就忧心忡忡甚至大惊失色，找同学求证，找老师核实，然后就是实施一系列教育、管理和限制的措施。总之家长为这件事真是劳心伤神，伤透了脑筋。

可是据我所知，没有几个孩子能够向家长或老师承认"错误"并"痛改前非"的，有些只不过是由"地上"转入了"地下"，因为他（她）们不认为自己有错。我跟孩子们探讨过这个问题，他们的意见和看法大致有以下这些："我们怎么了，老师和家长总是神经兮兮地盯着我们？""我们不过是合得来，接触多点儿。""我们就是纯真的友谊，别把我们想的那么坏。""不是我们复杂，是大人们太复杂了，好像非让我们承认早恋他们才甘心。""我们不是坏孩子，该怎么做我们都明白，家长喋喋不休的说教我们烦透了。""真正有做出格事的我们也不赞同，但肯定是极个别的。"孩子们说了许多后，我让他们对爸爸妈妈和老师说上一句话，他（她）们的大意基本都是："请相信我们"和"给我们一点理解和宽容"。通过观察和与学生们的交流，我越来越理解和相信孩子们的心声。我之所以用了"越来越"，是因为我对这个问题的认识也有一个过程，甚至走过弯路。

记得上世纪80年代曾有一部风靡一时的日本电视连续剧《血疑》，著名影星山口百惠饰演的幸子与三浦友和饰演的男主角爱得死去活来。那时候就有学生问我，"幸子才17岁，是高中生就恋爱了，我们怎么就不让呢？"当时的年代还没有那么开放，学生还比较好糊弄，被我三言两语就给搪塞过去了，其实连我自己都知道我在强词夺理，根本无法服人。

上世纪90年代初，我曾为我的学生"早恋"而勃然大怒，采取了一切拆、压的手段，不但没起作用，反而让学生跟我形成对立。也许至今他还在恨我，这是我从教生涯中最为惨痛的一个教训。

随着社会的不断开放，孩子们率先打破了许多思想桎梏，逼着我们这些成年人、教育工作者必须重新认识，理智面对新形势下的新问题，很多青少年问题专家，像孙云晓、陈一筠、何立婴等纷纷著书立说，给家长和老师们以指导，针对孩子们的青春期问题提出了不少理论、观点和建议，我看后、听后受益匪浅，再根据我在多年实践中积累的第一手材料，总结出了我自己在这方面的一些认识。

青春期阶段孩子对异性的向往、追求是一种正常的生理和心理现象，是社会环境影响，多重信息刺激和生理迅猛发育的必然结果。虽然表现强度因人而异，但心中的涟漪每一个孩子或迟或早都会产生，与孩子的品质、学习无关。

我在前面说过，一个看起来十分单纯幼稚的小男孩突然告诉我"最近学习心不在焉的原因是喜欢上了班里的一个女孩"，令我吃惊的同时也引起了我的思考：表面看起来单纯、幼稚、内向甚至木讷的孩子，在心灵深处也会留有一个小小的"爱"的角落，他（她）们错了吗？没有。不过受年龄和阅历的限制，他们对"爱"与"喜欢"、"崇拜"、"欣赏"乃至"合得来"的界限不十分清晰；情感上缺乏稳定性；对人的评价标准有片面性，但是又不可否认他们两情相悦之间的那种纯洁性；不带功利色彩，没有物质联系；不牵扯经济利益，只是建立在"我喜欢"、"合得来"、"有好感"

的基础之上。所以我的主张是，对绝大多数孩子来说，家长首先应该持宽容与信任的态度，给孩子自我思考、自我认识的时间与空间，以看似不经意的态度给予艺术性的点拨或指导。

当一位16岁的女孩吞吞吐吐、欲言又止，终于告诉妈妈自己喜欢班里一位男同学时，妈妈亲切地搂住女儿："你长大了，妈妈为你高兴。真巧，妈妈也是在像你这么大时喜欢上同班一个男生的。当时妈妈十分理智地战胜了自我，读大学时选择了你的爸爸，你不觉得爸爸妈妈现在很幸福吗？"女儿既诧异又欣喜地对妈妈说："我的好多同学都会为这种事挨家长骂的，妈妈你真好，我懂了，你放心吧。"无论这位母亲的经历是真是假，她都是一位高明的母亲，教子有方的母亲。既不是放弃，也没有伤害，用委婉的方式解开了孩子的心结，放下包袱，轻松面对学习和生活。作为母亲既没有给孩子施加压力，也没有自寻烦恼，这一方法很值得借鉴。所以我的建议是，家长们一要认真关注、细心观察孩子在青春期阶段的细微变化，不可掉以轻心；二要调整好心态，不要疑神疑鬼，草木皆兵，自己吓唬自己；三要在信任理解的基础上对孩子进行引导，切忌简单粗暴和高压强制，尤其不能在孩子面前诋毁他或她正在交往中的异性伙伴，那可就犯了孩子们的大忌。在处理众多所谓的"早恋"事件中，我的经验归结为一条就是"既要热又要冷，该热时热该冷时冷"。面对孩子青春期生理上的变化和心理上的困惑，家长要表现出"热"——理解、关心、呵护，让孩子在成长的烦恼中感受到亲情的温暖；面对孩子青春期阶段与异性同学的交往，家长表面上要显现出"冷"——冷处理。当听到老师反映"孩子给男（女）生写小条了"，"与某个异性同学来往

第五章　别和青春期的孩子较劲

过密了"或者从抽屉里、日记中发现孩子有小秘密了，家长不用吃惊，也不必诧异，冷静地面对孩子的长大，在看似冷漠中与孩子进行艺术性、策略性的沟通，避免出现"弹簧效应"——越压越弹。事实证明，中学时期男女同学之间的好感、接近，大部分都是"短命"的，经过短暂的"热恋"之后逐渐都会冷却下来，一直"恋"到成功的毕竟是极个别现象，而且这种执著也未必就是坏事。

中学阶段的出轨现象，往往并不属于真正意义上的早恋，或者早已超出了"恋"的范围。

前不久我在公共汽车上目睹这样一幕：一男一女两个大约读初三的学生，虽然穿着校服，背着书包，但形象很粗野。上车后并排坐在一个双人座上，男孩子不停地动手动脚在女孩子身上揉搓，后来索性把头扎在女孩子怀里，用舌头舔着她领口很低的胸口，还在嘴里念叨"咸的"。在众目睽睽之下，那个女孩面不改色悠然自得地"享受"着。对面座位上一位母亲无奈地用手捂住坐在膝盖上的女儿的双眼。这是早恋吗？我不同意！这只能归到没有自尊、不自爱，甚至放荡的行列里，他们今天能与对方做出这种举动，明天就还会与其他人做出更出格的事情来，这已经是对"早恋"的亵渎。但我相信这一定是极少数人所为。

著名儿童问题专家孙云晓编写的《藏在书包里的玫瑰》一书，真实地报道了13位中学生发生性关系的原因与过程，并逐一做了分析。著名作家毕淑敏老师看后称有"滴血之感"。我作为母亲，作为老师读罢此书真的有一种"心在滴血"的感受，那种心痛不仅仅是为了孩子，还为我们滞后的教育——家庭教育、学校教育、青春期教育、性健康教育。这本书在序言和封底有这样一段醒目的提示：本书至少讲述了以下五个事实：

发生性关系的学生中，半数以上是师生公认的好学生；

发生性关系的学生，多来自重点中学甚至是名声显赫的学校；

他们初次发生性行为时百分之百不用安全套；

他们有过性行为的事实，父母与教师百分之百不知道；

他们对学校与家庭的性教育百分之百不满意。

既然用了"至少"二字，我就根据我读后的感受再增补几个事实：

他们多是一见钟情；

发生性行为时多是一方主动，一方被动；

一时冲动过后都没有真正幸福甜蜜的体验；

一次性体验后基本都决了道德的堤防，更加放纵自己；

发生性关系的双方最后都以分手告终。

……

如果透过这些事实再谈孩子们的"早恋"问题，我觉得就有点不够切题了，因为它已远远超出了"早恋"的范畴，而是直接切入了"性"这个敏感话题。今天孩子们的性意识、性好奇、性无知、性尝试、性体验等等一系列心理以及行为上的变化简直是一瞬间的，尤其是在初二——初三这一阶段，好像一下子什么都懂了，就有初三年级的学生曾经以嘲讽的口吻对我说："你们大人太小看我们了。"更有初二年级的男生在教室里讨论："避孕套破了怎么办？"有人马上回答："多套几个"，立即又有同学接上："不行，那不舒服！"所以依我看社会、学校、家庭、专家、老师、家长，不要在所谓早恋问题上过多地做文章，想对策，而是要再跨一大

第五章 别和青春期的孩子较劲

步——直面孩子的性心理现状,抢在孩子"犯事"前做好防患工作。

就在我校的心理辅导室刚刚开办的第一周,一个男孩子试探性地找到我,吞吞吐吐地向我讲述了他与同班一个女孩的故事:由于一次集体活动,使他比较多地接触了这个学习很优秀的女生,在交往中互有好感。不久,这个女孩子坦露心声,明确表示"喜欢他"。我问:"你的态度呢?"他回答:"也有点儿。"我以为事情不过至此,所以按照一般的辅导思路,首先肯定了他们之间"友谊"的正常、纯洁,引导他怎样正确看待和处理发生在青春期阶段的这段感情,他也很理智地告诉我:"她现在无心学习,上课不专心,老回头看着我,我不希望她这样,怕影响到她的学习。"在越谈越深入之际,我提醒他:尽量避免单独相处,尤其不可以在父母不在家时到对方的家里去,没想到他立即告诉我,已经趁父母不在家时到她家里去过了,而且谈的话题都是"那些事"(他就是这么说的),包括询问他的"遗精情况",直至女孩子主动提出要跟他"玩儿",他不解地问"玩什么",答"玩你"。虽然据这个男生自己说"什么也没有发生",但是却让这个女孩子对他十分不满意,怪他不主动,因此他很迷惘,才找到我试图寻求解决的办法。

这是一个书生气十足的男孩子,也可能心理发育确实滞后于女生。我帮他进行了细致的分析,尤其讲到可能出现的后果以及对个人前途的影响时,他不但听进去了,而且愿意接受我的建议,下决心冷静地想一想,理出个头绪后"退出这场游戏"。几天后,他又一次找到我,告诉我已经向那个女孩表明了"做普通朋友"的意向,然后全力投入到学习中去,为迎接全区第一次初三统考做好准备。考试成绩出来以后,他把各科分数抄在一张小纸条上,来向我汇报,结果非常令人满意。这时候,他庆幸的是及时找到了我来指点迷津,没有误入歧途;我感到欣慰的是,帮助一个情窦未开的少年及时调整了航向,真正实现了防患于未然。

就在我正在电脑前敲这本书稿时,一份《新京报》摆在面前,一幅大标题吸引了我——《性教育课学生嫌洋老师保守》,副标题是:"青春期教育讲座在八一中学举行,高一学生与美国专家问答交流"。我只摘录该篇报道的其中一小段:"我想把现在的女朋友踢掉,我该怎么做?""如果女朋友提出发生关系,我怎么应对?"短短半小时的提问时间,四五十张小纸条飞向讲台,其中甚至包括一些美国专家都认为"很敏感"的问题。这是发生在北京海淀区八一中学的一幕。——怎么样?这篇报道是不是提醒我们需要重新认识和评价今天的孩子们了?

就在2013年再版前夕,一位陌生的外地家长辗转找到了我的电话,向我诉说孩子"早恋"带来的烦恼。因为我接受家长们这方面的信息量很大,而且一般都没有什么大问题,只要帮助家长调整一下心态就可以了,所以刚想按照我的思路去分析引导,却被家长的一番话惊住了:自己的男孩刚上初一,与初三的一个女同学发生了性关系,在女孩子家里,还使用了避孕套,然后把用过的避孕套扔在了垃圾桶里,被女孩妈妈发现了。后果不难想象,审问——逼问——大动干戈——女孩供出"性伙伴"——到男孩家里兴师问罪。再往后的发展我无需展开、无需细述。就这一过程来说,能简单地归结为"早恋"吗?一个12岁,一个15岁,刚刚走进同一所学校,结识的时间并不长,能有多少"恋"的时间和经历？所以我把它看作一次"青春期性冲动游戏"。对于今天的孩子们来说，老师、家长仅仅在"早恋"的路口把守着、堵截着，不但远远不够了，而且当孩子们把心理活动付诸于实际行动，尤其是转入地下活动时，让家长感到不堪的结果随时可能发生。究其原因，孩子是接受了大量社会信息的社会人，而不仅仅是您的孩子。可是要与社会的负面信息相抗衡，只能靠学校与家长用"正能量"给孩子增加抗体。

对孩子，尤其对初中生不要轻易扣上"早恋"的帽子；家长，尤其是老师尽量少用或不用"早恋"的概念。我在前面提到过，对这个问题我是有过教训的，确实曾经对于男女同学之间的交往十分敏感，而且使出浑身的解数想把两个孩子拆开，结果不但徒劳，甚至适得其反。2001年海淀某著名中学初一年级的一节公开课值得我们反思：一天，一个初一男生以十分亢奋的情绪告诉我"中学上公开课，辩论'早恋利大于弊还是弊大于利'，您知道吗，最后'早恋利大于弊'的同学获胜了"！言语中透着几分得意。我向学生阐明了我的观点：这节课的辩题有误，定位不准。对于初一年级的学生来说，应该讨论和引导的是"男女同学之间的正常交往"，让他们懂得交往中的对与错、是与非，学会文明规范自己的行为。而不应过早地、人为地把孩子引入关于"早恋"的困惑。我的观点立即得到了同学们的认同，于是更加坚定了我的想法：对初一、初二的同学尽量回避"早恋"话题，因为没有那么多孩子在"恋"；即使心里有了"恋"的萌动，绝大多数孩子也会埋藏在心底，老师与家长手下留情，就让孩子保留那一份长大的喜悦；再退一步说，有些孩子确实有所表现，也不必大惊小怪，更不可小题大做，大人的平和心态才是解决问题的重要前提。

我校一位年轻的班主任有一天忧心忡忡、神情紧张地专门跑到我所在的三楼办公室，一见面劈头就是一句："关老师，您看这可怎么办啊？"随后从手心里拿出一个小小的纸卷儿，展开不过是宽1厘米，长约10厘米的一张小纸条，是学生在上课时传递，不慎落入老师手中的，里面就一句话："×，我特佩服你，所以这次手风琴表演我选择了你。"这是一个女孩写给班里一个很优秀的男生，这有什么好紧张的呢？我当时给班主任的建议有两点：一、不予理睬，当做什么也不知道；也可以安抚一下那个心中忐忑不安的女孩子："咱们班×确实很优秀，不只你一个人佩服，同学们都很佩服他，光是佩服还不够，应该向人家学习，你这种上课传纸条的做法，会引起他对你的反感……"过后的事实证明，什么也没有发生，相安无事，不过是老师的一场虚惊。

别和青春期的孩子较劲

关于青春期的话题现在是铺天盖地，有人分析生理原因，有人解释心理变化，有人评论行为特点。**我想强调的是，青春期是孩子生理迅猛发育期、心理断乳期的统称，是真真正正、实实在在的非常时期。**而由孩子们口中说出的"更年期"，只不过是一种解嘲的说法，表达了对家长的不满与无奈。

我请教过医学专家，女同志的更年期绝大多数都发生在45岁以上，甚至50岁左右，40岁就进入更年期的绝对是极个别现象，不带有普遍性。而青春期的孩子年龄一般在12～18岁之间，他们的父母也就是40出头，基本还没有进入更年期。孩子们之所以提前给家长戴上更年期的帽子，是因为妈妈们管得多、管得宽、管得细，尤其是爱唠叨，总之爱跟孩子们较劲，招致了孩子们的逆反。但毕竟是妈妈、是长辈，孩子们只好无奈地说一句"我妈她更年期，特烦"！就在我与家长的实际接触中也切身感觉到，真正的"更年期家长"极少，造成"双期碰撞"的一个重要原因是家长们缺少正确的教育理念，把说教当做最拿手的教育手段，恨不能用嘴说出一个称心如意的好孩子来。《现代汉语词典》上对"唠叨"的解释是"说起来没完"，这种没完没了地说，不用说孩子，搁谁也得烦。所以我建议家长们往后退一步，不要跟孩子死较劲，也许反而会让您见到满意的效果。

家长明白、明理、明智

成功案例一

张梦龙是今年初中毕业刚刚考上高中的学生。这孩子初一刚刚走进我的视线时，给我的感觉是一个白白净净、文文弱弱，性格略显内向的小男孩。时间长了发现他个性很强，不主动与同学交往，不能很快融入集体当中去，好像对谁都不信任，对老师同学存有戒心。作为班主任我努力去接近他，关心他，却明显地感觉到他在应付我。这个孩子的个性激起了我的"征服欲"，他毕竟才十二三岁，我下决心一定要走进他的心里。于是我去进行了家访，发现张梦龙的爸爸妈妈简直就是既"望子成龙"又"恨铁不成钢"的典型。我用三个字来形容这对父母就是"爱、恨、急"。爱，我就不用多说了，我手里有他妈妈在孩子8岁时写的一篇随笔（知道我要出书，她把多年来教育孩子的一些感想、笔记都奉献出来了），抄录下来可见一斑。

有个儿子真好

儿子今年八岁了，八年的光景说快也快，说慢也慢。

对于孩子来说也可以一切都嫌太慢，而对成年人的我来说，岁月匆匆，快得出奇，就在这快与慢的不同节奏中，一个活泼的生命已然成长起来，望着长得如同一棵小白杨树般挺拔秀气的儿子，自豪感和幸福感时常流溢在我的心头。

我从心里庆幸我有一个儿子，尽管他没有出生的时候，我希望他是个女孩，然而当我无奈地望着他那毛茸茸的头发和亮晶晶的眼睛的时候，我又满心欢喜起来。

天底下的父母对于抚育孩子的艰辛记得最清楚，也忘得最快。在那说不清、理还乱，永远做不完的琐碎事务中，有时候我真羡慕那些保持两人世界的家庭。可又是幸亏有了儿子，才使我懂得了为人父母的责任和滋味。

有了儿子，不管你在外面多么辛苦，多么繁忙，也要急急地奔回这个家，不管你多渴望做的一件事，也要事先把儿子安顿好，不管家里家外发生了什么，在儿子面前也要保持一份冷静⋯⋯

儿子终于一天一天长大了。都说儿子长得像我。他爸说，瞧我儿子长得啥样，就知道他娘长得啥样。

真是可气，愣把儿子排在我的前面，嘻嘻、哈哈……

儿子和我很亲，他会偎依在我怀里，一句一句教我唱歌，一遍遍述说同学们之间的故事，他会搂着我的脖子说悄悄话。有时我和他爸逗他，我们就会成心气他，来个全家举手，当他看到我和他爸表示不同意的时候，他会举起双手和双脚，洋洋得意地说："这个代表爸爸，这个代表妈妈。"

总之，有个儿子真好。看着他那充满天真幼稚的笑脸，你会把一天的劳累和烦恼统统忘掉。

恨，当然这不是真正意义上的恨，而是"恨铁不成钢"的恨，"爱之深，恨之切"的恨。我这儿有一份张梦龙去网吧玩后写的检查，下面有他妈妈的批语："如果不好好学习，照这样下去，每年这壹万叁白花了！将来怎么办！如果再有下回，那你看着办！妈妈心里真难受，于心何忍？对得起谁？"这字里行间，这十三个惊叹号，是不是表达了一个母亲对不争气儿子的恨呢？

急，这是许多家长的通病，梦龙妈妈也不例外。表现形式也没有什么新鲜的，就是唠叨，已经引起了孩子的强烈逆反，再加上爸爸的暴力参与，几乎把孩子推向了自己的对立面，"你越说我越不听"。在家长一筹莫展之际，我介入了他们的家庭教育，"命令"父亲不许再使用武力，试着跟儿子沟通，与儿子交朋友；建议妈妈少些唠叨，多些鼓励。这两位明智的家长按我说的去做了，爸爸不再打孩子，有话好好说；妈妈努力克制自己尽量少说；背着孩子三天两头偷偷给我打电话，一来了解孩子在学校的表现和变化，二来向我探询具体的教子之道。逐渐地他们发现孩子顺溜了，不那么顶牛了，有了进步的迹象。妈妈在尝到了甜头后，有感而发，写了一篇《鼓励是树立孩子自信心的一剂良药》，写出了自己从唠叨到鼓励的体会。

鼓励是树立孩子自信心的一剂良药

过去我们在教育孩子的问题上有许多误区，一是批评多、表扬少；二是老拿别的同学和他比，比成绩、比纪律，比来比去孩子很反感，很自卑，严重地伤害了孩子的自尊心；三是在他犯错误时，我们的做法就更显急躁，一副恨铁不成钢的样子……结果却不尽人意，上课时他走神，说话，学习成绩也时好时坏。成绩好的时候他兴高采烈，差的时候就垂头丧气，甚至不敢跟爸爸好好讲实话。

如果说初一是小学向中学的一个过渡，那么初二就是孩子成长的重要阶段。孩子在北英中学初二（4）班，北英中学是一个刚刚创立，团结、严谨、求实、创新的好学校。初二（4）班则是一个"班风正，学风浓，不服输，急进步"的优秀班集体。负责他的老师是一位非常敬业，极其负责的优秀班主任，年级组长关承华老师。

关老师发现了孩子的问题后，主动找他谈心，及时和我们联系，而且不顾身体有病前来家访，了解孩子的表现及对父母的意见并商量解决的办法。

关老师发现孩子非常喜欢电脑，就从这一特点入手，各项任务不时地交给孩子去"制作"，事后，又在班里表扬他的作品。其

第五章 别和青春期的孩子较劲

他老师也一样,孩子稍有进步,就及时表扬。表扬声渐渐多了起来。一次,在逛商场时巧遇了英语毛老师和其他老师,毛老师又不失时机地表扬了孩子,说孩子的期末成绩比期中有很大提高。老师的一句表扬话,深深触动了孩子的心,一路上他高兴不已,自信心更足了。也许他认识到,只有学习上更努力,做一个好学生,才能得到老师们的表扬。

还有一次,下午放学后,孩子进门的第一句话:"妈妈,今天老师又表扬我了,当着全班的面呢,瞧咱棒吧!"高兴中带着幸福和自豪,这高兴劲能持续好几天,甚至有时能和下次连上。表扬变成了动力,点点滴滴,举不胜举,事情虽小,却极大地激发了孩子的爱好兴趣,满足了孩子的自尊心,他对自己更有信心了,学习上劲头更足了。不久前的一次英语考试他晚上背,早上背,重复背……他说:"妈妈,我要得100分。"功夫不负有心人,当孩子带着成功的喜悦告诉我时,我的眼睛湿润了!

表扬和鼓励就像冬天里的一把火,给人以温暖,给人以力量,表扬和鼓励是孩子迈向成功的基石,往往一句很普通的表扬、鼓励的话对您来说不算什么,无足轻重,可是对一个正在成长中的孩子却是重要的,起的作用是巨大的。它化成了一种动力,鼓起了他的士气,让他看到了自己的能力和希望。表扬和鼓励是促进孩子进步的催化剂。老师正是用这种"心理帮助的教育方式"改变了孩子,也教育了我们。

是老师与我们的及时沟通和学校的家长课,才使我们学会了怎样做一位称职的家长。

孩子一天天地长大了,懂事了,更重要的是学习更自觉了。

别和青春期的孩子较劲

期中考试后,又默默地给自己定下一个追赶的目标,这种愿望是可贵的,我们一直在给他鼓励,祝他早日超越自己,实现愿望!

在家中,我们互相学习,互相尊重,我也尽量克服唠叨的毛病,营造一个宽松和谐的气氛,营造一个良好的情感环境,把孩子当成我们的朋友。孩子和我们越来越亲近了,能说心里话了,渐渐消除了隔阂。在此,我要引用柴洁心老师的一句话:"教育孩子要批评时带优点,表扬时不带缺点。"所以,喜欢和表扬是树立孩子自信的一剂良药!

北英中学初二(4)班　张梦龙的妈妈

由于家长的全力配合,张梦龙到初三简直是一天一个样,学习进步了,入了共青团。妈妈在他即将进入中考冲刺阶段时,又给儿子写了一封充满母爱的鼓励信,梦龙读后在下面写了个大大的"阅"字。别小看这一个"阅"字,这是他诚心接受妈妈教诲的一种回应。

亲爱的儿子:

　　看着你一天一天地长大了,爸爸妈妈打心眼里感激你十几年来给我们带来的快乐。你现在还是承上启下的年龄,我们相信你的未来是辉煌的,但是你的成长离不开一步一个扎实的脚印和爸妈的关爱。作为爸妈,特想成为你的好朋友,和你一样学习文化知识,共享上学的乐趣,共同感悟人生的道理,共同畅想未来。特想和你交知心朋友,如果爸爸妈妈有对你态度生硬的时候,你千万不要怪罪,只要理解我们的"爱"就足够了。

第五章 别和青春期的孩子较劲

> 最近你学习很忙，已进入冲刺阶段，爸妈知道你辛苦，我们非常心疼你。真的，儿子，人的一生都是要独立完成的，前途是自己创造的，我们也代替不了你。作为父母，只能启发你，帮助你，协助你完成人生的目标。希望你在心情不好、迷惘的时候，向我们倾诉、请教。把我们当成最好的朋友，我们会感到安慰。
>
> 我始终自信，非常非常自信，我儿梦龙是非常非常出色的，是最棒的。
>
> 你在我们心里从始至终都是最棒的！！！
>
> 努力吧！儿子！
>
> 　　　　　　　　　　　　　　　永远爱你的爸爸、妈妈

在爸爸妈妈的鼓励下，中考冲刺阶段张梦龙保持了良好的状态，凭自己的努力考上了高中。而最让我欣慰的是在即将告别母校，离开相处了三年的老师同学之际，他表现出了强烈的依依不舍之情，在我家里呆了很久迟迟不肯离去，嘴里反复念叨着"这就分开了？太快了吧？我还能来看您吗"？完全没有了当初的逆反、冷漠和抵触。临开学前悄悄告诉我："老师，您知道我现在最大的变化是什么吗？是我现在特想学习，不像初中时总想玩了。"国庆节前夜给我打来电话汇报七天长假的安排：玩一天学六天。在高一新班级里担任团支部书记的张梦龙简直就是我的骄傲。而一个孩子在这么短时间内发生如此大的变化，他的父母亲说起来总是归功于我，就在梦龙妈妈送给我的教子记录中，专门附了这样一段话："今天梦龙接到录取通知，往事又历历在目……梦龙的

进步跟您慈母般的关心是分不开的!我们全家都非常感激您!关老师——您永远是梦龙的老师!也是我们的老师!再次感谢您!"

凭心而论,张梦龙的进步以及和我所建立起来的一份真挚感情,确实有我付出的努力和心血。但是不能否认的是家长的明白、明智、明理,能够主动和老师配合;能够经常反省自己的教育方法;能够及时调整自己的教育思路;还能够随时纠正自己的教育手段,给孩子留有自我思考、自我认识、自我修正的空间。家长不那么累了,孩子也不那么烦了,效果不是很好吗?较劲是双方的,但主动权掌握在家长这一方。家长想明白了,不要跟青春期的孩子较劲,不要把本来简单的问题人为地复杂化了,对孩子多一分理解,多一分宽容,多一分信任,多一分帮助,孩子的成长之路也许会更顺畅。

家长转变,孩子进步

成功案例二

这是一位母亲在孩子考上北京市一流重点高中时,写下的一篇感悟:

我尝到了"不较劲"的甜头

与关老师结缘已经四年多了,想想这几年的历程,真是感慨万千……

还依稀记得那个冬日的午后,我带着五年级的儿子佟童站在关老师面前,心中充满着最后的希望。因为那时的儿子,已经让我"头痛不已",上课纪律不好,和同学打架,和老师对着干……三天两头请家长,有时早晨刚送去上学,中午就被请去了。而作

第五章 别和青春期的孩子较劲

为家长的我,一直是配合老师学校的工作,对儿子严加教育,但情况不见好转,有愈演愈烈之势,我已经无可奈何了。在此时,我们有幸结识了关老师。

还记得第一次谈话,儿子就很快接纳了关老师,就像他后来说的那样:"遇到了亲人,找到了讲理的地方"当他诉说了在学校的"种种遭遇"后,关老师首先非常亲切地肯定了他的优点:单纯、正直、善良、聪明,也很公正地指出了他的缺点和问题,然后话锋一转,让他给"老师"两个字下个定义,儿子含含糊糊地表达了自己的见解后,关老师告诉他:"老师就是知识比你先学了一步的凡人,只看主谓语的话,老师就是个凡人,不过是知识比你先学了一步,你早晚要赶上和超过他的"。以此来启发他,老师也会犯错误,要学会谅解和宽容。儿子武装自己的那身"盔甲"立马土崩瓦解了,心中的委屈终于宣泄了出来,掉下了眼泪。和儿子谈话后,关老师又和我说这孩子没什么大问题,而且由于我的强硬的"配合老师"的教育方式,使儿子好多委屈无处诉,才会让他越来越反抗。针对儿子的问题,关老师也建议我改变沟通方式,更多地倾听,而不能一味地指责。我和儿子之间紧绷的关系得到了缓解。说来也怪,自从我退了一步,有什么问题以商量的口吻交流,儿子还真的变顺溜了,老师也感觉到了他的变化。

从那之后,我们就会和关老师经常的见面,而每次见面我们母子二人都少不了相互告状,因为他的小毛病时不时在犯,我的急躁和专横有时也会露头。关老师在引导孩子的同时,总得批评和纠正我的一些想法和做法,让孩子感到很得意,因此,每次见面都是那样的愉悦,再难的问题,关老师几句话就会迎刃而解,看问题的角度总是很独特，而孩子又能很容易接受，很快就会心服口服。有时我们俩争执起来，都会拿关老师说事，我说，关老师一定会支持我，孩子说一定会支持他。关老师成了我们解决矛盾的一个"出口"，有了她的疏通，我们的日子好过了很多，我也从中尝到了"不较劲"的甜头。在这样的磕磕碰碰中，孩子该上中学了，毕竟小学阶段他没有太用功，于是没有被理想的中学录取，听从关老师的建议，没有花高价硬挤进去，而是进入了一所稍逊色的中学，要求他去争取做"鸡头"。从初一第一次考试的第七名开始，儿子不断进步，学习成绩学校一直名列前茅，虽然小问题也是不断，但他自知已经进入"好学生"行列了，经常在品尝受表扬的喜悦，我的虚荣心也终于得到了满足。

记得初二的一天，孩子放学回来气鼓鼓地说：凭什么老师不让我们学生在背后说别人怪话，而老师就可以说我们。原来是班主任老师在和别的家长谈话时，说起班里的情况，讲到佟童的一些不好的习惯，让儿子非常气愤。我和他讲了半天道理，什么有则改之，无则加勉了；如果你有那些毛病，要不就改，要不就别怕别人说啦；老师也是为你好，等等；而儿子越发生气，连作业也懒得写了，我一看不行了，说：你还是给关老师打电话吧。结果在电话中没说一会儿，儿子就兴高采烈地过来和我说："你看你说的，越说我越生气，关老师说的我就心情舒畅。"我问他关老师说什么了，他甩给我一句："虚心接受，坚决不改"，哎，我真不懂了，关老师的教育方法总是与众不同，但总能给这个让我头痛的"家伙"弄得服服帖帖的。后来关老师告诉我，佟童的这些小毛病要想改掉不是一日之功，那就没必要较劲，他断章取义我

第五章 别和青春期的孩子较劲

的"虚心接受，坚决不改"，其实我的前提是：成绩保持年级第一，犯了错就得老老实实接受批评。这样一说，这孩子就欣然接受了——我又学了一手。

进入初三后，面对升学的压力，学习紧张起来，而我们也随着孩子机械地转着，过了体育中考，过了一模，过二模，起早贪黑，很快就进入了中考的冲刺阶段，临中考前一周的时间，天不怕地不怕，平常吊儿郎当的儿子焦虑了起来，有一天哭着说："中考要是考不好怎办呢？这么多人看着我呢？你知道我压力多大呀！"见惯了什么事都满不在乎的他，我倒有些不知所措了，安慰了半天，赶紧减压，但仍然心里不踏实，让他给关老师打了一电话。而关老师不是简单地安慰几句，而是以高兴的口吻对他说："以前你什么事都不在乎，不上心，现在终于有一件事让你紧张了，这是好事，而且适当的焦虑是正常的，后面几天不要再埋进书里了，可以多去打球，出些汗，放松自己，轻松迎接考试。"孩子打完电话后平静了很多，心态也正常了，最后中考正常发挥，以优异的成绩考上了理想的高中。

现在孩子已经在高中学习了，但我们仍然与关老师保持着密切地往来。因为关老师永远是我们的老师，不仅是孩子的，也是我们家长的。孩子之所以服她，是因为她不说假话，不虚伪，总是能够理解孩子，总是用鼓励与表扬激励着他们。而在这几年中，我和关老师也学到不少东西，关老师也在不断调整我的心态以及一些教育误区，我也尽最大努力配合。高中后，按照关老师的要求，我慢慢撤了下来，而将教育的责任更多的让他爸爸担了起来，现在我们虽然还会有一些小问题出现（其实也是很正常的），但是我的心态已经发生了很大的变化,面对身高近1米8的高中生佟童,我不再较劲,我要继续向关老师学习教育的智慧和技巧。有关老师在,我心里就很踏实。

一位曾经较劲的妈妈

教师手记

由于《别和青春期的孩子较劲》一书的出版发行,面对教育中的困惑,全国各地众多的家长,来向我求助。昨天,又一位妈妈领着六年级的儿子来找我了……

下午四点多钟,翠微路附近的肯德鸡店里人不多,我们三个人找了个靠边的座位坐下来。因为事先他的妈妈已经跟我打了招呼,说孩子受委屈了,所以我就开门见山:"今天是想跟关老师诉委屈吗?那好,说说吧,谁给咱们委屈受了?"孩子的情绪低落下来,开始叙述事情的经过(但并不怎么理直气壮,反而有些支支吾吾):"我原来做操是不太认真,可是我觉得我最近在改,已经挺有进步的了,可是昨天老师表扬做操好的同学,没有我,于是我就接了一句'我也做的挺好的',老师就骂我'不要脸',再怎么说老师也不该骂人吧?骂就骂了吧,我也没太计较,晚自习时我打球晚回教室几分钟,老师又在跟同学说这件事,我一进门同学们都笑我,特没面子,我受不了,就跟老师顶了……"我耐心地听他讲完了他的委屈,心中已经有了自己的判断,因为他已经不是第一次来找我了。

这是一个聪明、单纯、热情,非常可爱的小男孩,最大的毛病就是散漫,特别想好,爱听表扬,又管不住自己。第一次辗转

第五章　别和青春期的孩子较劲

找到我，也是因为老师的一句话，是在一次默写英语单词后，老师问他想考哪个初中，他回答"四中"，老师说："就你？还四中呢？门儿也没有！"这可不得了了，从此后就跟英语老师结下了疙瘩，处处跟老师作对，家长在一筹莫展之际，经人介绍找到了我，不但被我说通了，还对我产生了信赖，经常向我汇报在学校的表现，尤其是受了表扬，一定要告诉我，妈妈欣慰地说："佟童比原来懂事了，班主任也说他进步了"。

但是他毕竟是个孩子，要允许他有反复，这不，老毛病又犯了。

"佟童，你先别觉得委屈，首先说说你做课间操到底怎么样"，我把两臂抬起做侧平举状，"你是像我这样把胳膊伸直吗"，他不好意思地摇摇头（这就是他刚开始叙述时支支吾吾的原因），于是我直截了当告诉他："你平时就是个小散漫，做操肯定不那么认真，关老师当了这么多年班主任，太了解你们了，腿永远站不直，胳膊永远端不平，手腕永远是耷拉着"，我边说边模仿，他都认可了。"好，那说明老师没有表扬你是因为你还没有达到老师的要求，这次与老师冲突的根儿是不是在你自己身上啊？"他使劲点点头，又一次认可了我的说法。"老师在课堂上讲话，在表扬同学，你不举手，也不经老师允许，就随便接话茬，而且是要表扬，这么做合适吗？你希望得到表扬，这是好事，说明你有上进心，可是表扬是靠行动争取来的，可不是用嘴'要'出来的，这是不是你的第二个错误啊？"他频频点头，态度明显和缓了。"好，下面我要说的第三个错误，不是你的，是你们老师的，老师骂人就是不对！只要你说的属实，你们老师确确实实犯了错误，应该批评。"我想，这时候孩子的心理才真正平衡了，本来是诉委屈，结果先挨了批评，可是当我肯定了老师的错误时，他今天来找我的目的也就达到了。但是为了缓和这对师生间的关系，我还要违心地替老师辩解几句："你们班主任平时对你特好吧？"孩子说"是"，妈妈赶快附和："老师对他不错，他跟老师也很好"，我说："那就对了，老师们有时就爱犯这样的毛病：跟哪个学生亲近，也就不见外，说话就比较随意，就好像是自己的孩子似的，你能理解吗？能原谅老师吗？"这时候的佟童已经露出了本就属于他的那张灿烂的笑脸，我又借机嘱咐他课间操应该怎么做，小学毕业前夕自己该如何表现，大约40分钟，母子二人高高兴兴与我挥手告别。

　　孩子走远了，我的思绪却久久拉不回来，而且忽然冒出一个奇怪的念头："成年人有时还真没有孩子听话"。无论是《教育法》、《教师法》还是《中小学教师行为规范》，对于教师这个职业的道德标准和行为要求都是有十分明确的规定的，对受教育者的语言伤害，绝对在禁止之列，学校领导也一定会三令五申，反复强调，可是咱们一些老师却往往在一瞬间忘记了自己的身份，信口开河，出口伤人——尽管这个"人"只是个未成年的孩子，他们也是有自尊的啊！像佟童英语老师的"四中，门儿也没有"，言语间没带一个脏字，但打击的是学生的自信；像佟童班主任说的"不要脸"，伤的是孩子的自尊；曾经有一位老教师，当着学生家长的面数落学生"看你拉着那张大驴脸"，激起家长的勃然大怒，当即反目成仇，丢掉的是老师的师德以及为人师表的资格。现在不是提倡建立和谐社会嘛，我真希望我的同行们，为了建设和谐校园，为了建立起和谐的师生关系，咱们都能嘴下留情！

　　今天我还特别感动于佟童妈妈与我的配合，他没有站在孩子的角度责怪老师，没有替孩子抱委屈，更没有像个别家长那样揪住老师的错误不放，非要讨个说法，而是附和着我入情入理的分析，从正面做孩子的引导工作，教给孩子自律与宽容，最终才收到了既化解矛盾，又让孩子服气，家长舒心的效果。教育孩子，老师、家长都需要在实践中不断学习、不断感悟、不断提高。

结束语

  知心姐姐卢勤在向家长和孩子们推荐一本好书——美籍华人刘轩的《叛逆年代》。在推荐文章里卢勤老师的一段文字很适合做我这一部分内容的结束语：

  刘轩的爸爸刘墉是位著名的美籍华人作家，他写过很多好看的书，深受青少年的喜爱。我爱看刘墉的书，更爱和他讨论教子之事。刘墉教子的最大特点是放得开，收得住。刘墉信任儿子，欣赏儿子，尊重儿子，不怕儿子摔跤，大胆让儿子去闯世界，去寻找自我。这一切，正是让处于"叛逆年代"的儿子没有沉沦，没有消极，没有堕落，反而越挫越奋的原因。正是刘墉对儿子的理解与尊重，才帮助儿子顺利地度过了青春期。

  如果说，儿子是一叶小舟，老子就是舵手，为儿子导航，放手但是不放纵。对于叛逆年代的孩子，需要这样的父母。放开手，让孩子去寻找自己，找到的，才是自己的。

知心姐姐：卢勤

名校经典课

语文取胜　读写双赢

人大附中"金牌教师"于树泉 点拨之作
传授阅读、文言文、作文取胜之道

与孩子好好说话
简单、具体、高效的说话技巧

这样说话很管用！

ISBN：9787515350370
著者：〔美〕伊莉莎·梅德哈斯
定价：39.80元
出版社：中国青年出版社

- ◆ 荣获"美国国家育儿出版物（NAPPA）金奖"
- ◆ 被誉为"育儿圣经"、"沟通指导手册"
- ◆ 直接可用的说话技巧，集中解决日常教育沟通难题

各不同教育场景的说话句型精彩呈现，提出积极有效的说话用语范例，在更短的时间内，让教育成功无限增大。

专 治

随便顶嘴、撒泼哭闹、粗鲁无礼、胆小内向、不听话、拖拉磨蹭、粗心大意、多动、注意力不集中、乱发脾气、记性很差、害羞怕生、打架调皮的孩子

正面管教必备！

《道德经》
妙解、导读与分享

"生命之书"必读经典

作为"生命之书",真正受益的人,一定是从中照见过自己的人生。

郭永进　于树泉　著
定价:49.00元

教你活出生命的意义

本书去除了玄妙化,还原了《道德经》的本来面目,让人们通过阅读、悟道,学会如何提升能力、智慧和修养,找到人生目标。

职场人阅读本书后,认识到管理之道、为人之道和处世之道,做个好领导、好员工。

教师通过引导学习,家长通过亲子共读,组成学习共同体,汲取《道德经》智慧、领略国学经典魅力,共同练习进步,做个好家长、好孩子、好教师、好学生。

本书独特之处

以《道德经》原文、妙解、注释、导读、分享和诵读六个部分为架构,结合社会历史,用深入浅出的文字,精炼轻松的语言,妙解《道德经》的思想精髓;独到的导读和分享,亲切有味,娓娓道来,诠释出《道德经》的高等智慧。通过这六个部分的全面阐释,"无为"不再抽象,而变得具体可行;《道德经》不再高深,而成为了职场、家庭、学校和人生的指南书。

☆ **《道德经》原文**　原汁原味,难读字配有注音
☆ **妙解**　妙解《道德经》的思想精髓
☆ **注释**　关键字词的注解
☆ **导读**　独到,诠释出《道德经》的高等智慧
☆ **分享**　旁征博引,眼界大开,积累丰富的为人处世之道
☆ **诵读**　附赠诵读音频,随时、移动听经典

穿越历史时空,走进古代圣哲心灵,获得高等智慧。